Ulrike Grunert
Dr. med. Detlef Grunert

Balance durch

AYURVEDA YOGA

Stress lösen und
Energie gewinnen

Inhalt

Ayurveda-Yoga, die neue Form des Yoga — 6

Ayurveda-Yoga – Die Basics — 6

Altes Wissen neu entdeckt — 8
Was ist Ayurveda? — 9
Was ist Yoga? — 10
Was verbindet Ayurveda und Yoga? — 11

Der eigene Weg — 12
Von den Elementen zu den Doshas — 13
Von den Doshas zur Konstitution — 17
Störungen der Konstitution — 18
Die Vata-Konstitution — 20
Die Pitta-Konstitution — 22
Die Kapha-Konstitution — 24
Die Vata-Pitta-Konstitution — 26
Die Vata-Kapha-Konstitution — 27
Die Pitta-Kapha-Konstitution — 28
Die Vata-Pitta-Kapha-Konstitution — 29

Ihre Konstitution – Wie finde ich meinen Weg? — 30

Bestimmung der persönlichen Doshas — 32
Fragebogen zur Konstitution — 33
Die Auswertung zur Konstitution — 36
Das Programm für Ihre Konstitution — 38

Bestimmung möglicher Störungen — 40
Fragebogen zu Störungen — 41
Die Auswertung zu Störungen — 43
Das Programm für Störungen Ihrer Konstitution — 46

Die Praxis – Ihr persönliches Programm — 48

Üben im Einklang mit sich selbst — 50
Die Vorbereitung — 51
Das Programm für Anfänger — 52
Das Programm für Fortgeschrittene — 53

Stärken maximieren, Schwächen reduzieren — 54
Ayurveda-Yoga zur Prophylaxe — 55
Ayurveda-Yoga zur Therapie — 58

Die Übungen im Einzelnen — 60
Tipps und Tricks zum Training — 61

64 3-Dosha-Programm
- 64 *Ankommen*
- 66 *Übungen zur Lockerung für Nacken und Schultergürtel*
- 67 *Überkreuz in die Bewegung*
- 67 *Bauchpresse*
- 68 *Knie zum Kopf*

- 69 *Drehung der Wirbelsäule*
- 70 *Bauchmuskelübung (Reinigungsatem)*
- 71 *Die Rolle*
- 71 *Berghaltung*
- 72 *Der Sonnengruß*
- 74 *Der Sonnengruß für Vata*
- 78 *Der Sonnengruß für Pitta*
- 82 *Der Sonnengruß für Kapha*

86 Das Vata-Programm
- 87 *Die Einstimmung: Atem-Konzentrationsübung*
- 88 *Die acht Bewegungsrichtungen der Wirbelsäule*
- 91 *Kriegerhaltung*
- 92 *Bretthaltung und Seitstütz*
- 94 *Dehnung und Kräftigung der Körpervorder- und -rückseite*
- 96 *Der Schulterstand*
- 97 *Krokodilhaltung*

98 Das Pitta-Programm
- 99 *Die Einstimmung: kühlende Atemübung*
- 100 *Übungen, um überschüssige Energie abzubauen*
- 103 *Heuschreckenhaltung*
- 104 *Ausgleichshaltung*
- 104 *Baum und Dreieck*
- 107 *Halber Drehsitz*
- 109 *Rückenlage*

110 Das Kapha-Programm
- 110 *Die Einstimmung: anregende Atemübung*
- 112 *Übung zur Anregung*
- 112 *Dreieck*
- 115 *Die Kriegerhaltung*
- 116 *Hundehaltung*
- 117 *Taubenhaltung*
- 119 *Bootshaltung 1*
- 121 *Bootshaltung 2*
- 121 *Der richtige Dreh*

122 Der Ausklang
- 122 *Wechselatmung (Nadi Shodhana)*
- 123 *Entspannungshaltung (Shavasana)*

- 124 *Register*
- 126 *Danksagung – Literaturhinweise*
- 128 *So üben Sie Ayurveda-Yoga mit der CD*

Vorwort

Ayurveda-Yoga, die neue Form des Yoga

Ayurveda-Yoga ist das Ergebnis meiner jahrelangen Erfahrung mit Yoga und Ayurveda sowie der intensiven Ausbildung in beiden Wissenschaften. Ich bin dankbar, dass ich aus diesem Wissen schöpfen kann. Es hat meine Lebensqualität verbessert und auch die der Menschen um mich herum. Dieses Wissen möchte ich gerne mit Ihnen teilen – mit diesem Buch und der beiliegenden CD.

Warum dieses Buch?

Während meiner zehnjährigen Tätigkeit als Yogalehrerin haben sich meine Teilnehmer(Innen) immer wieder gewünscht, ich solle doch eine CD besprechen und Yogaübungen für bestimmte Situationen oder individuelle Bedürfnisse aufschreiben. Ich bin auf ihre Wünsche eingegangen und habe ganz persönliche Yogaprogramme konzipiert und ihnen mitgegeben. Das Feed-back war enorm: Meine SchülerInnen waren begeistert, wie sehr sie ein solches, ganz auf sie zugeschnittenes Yogaprogramm darin unterstützte, die Aufgaben des Alltags leichter zu bewältigen, wie es ihnen dabei half, besser schlafen zu können, Spannungen abzubauen, Stress zu bewältigen, ihre Konzentration zu steigern usw. Diese Resonanz hat mich motiviert, mich hinzusetzen und dieses Buch zu schreiben.
Ich möchte Ihnen den Weg zeigen, wie auch Sie Ihren Ayurveda-Typ finden können, und welche Yogaübungen Ihnen gut tun. Nach einiger Zeit des Übens werden Sie merken, wie Ihr Selbstbewusstsein wächst und Sie dadurch Ihre innere Balance zurückgewinnen.

Tradition und Moderne – vereint im Ayurveda-Yoga

Warum sind Yoga und Ayurveda – beides jahrtausendealte Erfahrungswissenschaften – gerade für die Menschen von heute wieder besonders aktuell und gültig? Das liegt in erster Linie an unserem westlichen, modernen Lebensstil: Wir sind ständig steigenden Anforderungen und Reizüberflutungen ausgesetzt, der Alltag bringt viel Hektik und Unruhe einerseits, andererseits aber viel erzwungene Ruhe und wenig echte Bewegung mit sich. Da gerät so manches leicht aus dem Lot – aus dem Gleichgewicht, der inneren Balance. Dies jedoch ist nach den Lehren des Yoga und Ayurveda der Grundpfeiler von Gesundheit und Glück. Und dieses Prinzip funktioniert damals wie heute.

Hier setzt Ayurveda-Yoga an: Kombiniert werden dabei Körper-, Entspannungs- und Konzentrationsübungen aus dem Yoga und die Konstitutionslehre des Ayurveda. Nach dieser Theorie wird jeder Mensch seinen körperlichen Merkmalen und seinem Charakter entsprechend einem bestimmen Konstitutionstyp zugeordnet. Und genau nach dem werden im Ayurveda-Yoga die jeweiligen Übungen ausgerichtet.

Ayurveda-Yoga BASICS

»GESUND IST MAN, *wenn sich die Körperfunktionen, Gewebe, Stoffwechsel, Verdauung und Ausscheidung im Gleichgewicht und Seele, Sinne und Geist im dauerhaften Zustand inneren Glückes befinden.«*
Sushruta, 750 v. Chr.

Mit Ayurveda-Yoga das Leben leichter meistern

Ich bin der festen Überzeugung, dass ich die Anforderungen, die Familie, Berufstätigkeit und das Lernen und Lehren an mich stellen, nur durch das Wissen von Yoga und Ayurveda so gut bewältigen kann. Regelmäßiges, meinem Typ und meiner momentanen Situation angepasstes Üben eines Yogaprogrammes, dazu drei- bis viermal pro Woche Laufen an der frischen Luft, die für mich passende Ernährung und Ayurveda-Massagen halten mich fit und gesund. Nach und nach haben fast alle Familienmitglieder von den Kindern bis zu den Großeltern und viele unserer Freunde, ohne dass wir »missioniert« haben, ihren Lebensstil in diese Richtung umgestellt. Da mein Mann als Kinderarzt tätig ist, hat er außerdem in seiner Praxis die Möglichkeit, Kindern und Eltern sein Wissen über Ayurveda-Yoga weiterzugeben.

Lassen auch Sie sich entführen in die Welt des Ayurveda-Yoga und folgen Sie damit dem Weg zu mehr Ausgeglichenheit und zu Gesundheit von Körper und Geist – mit einem Programm, das ganz individuell auf Ihren Typ und Ihre Bedürfnisse abgestimmt ist. So können Sie Ihre innere Balance (wieder)finden und daraus schöpfen – und mit mehr Energie und Freude jeden Tag genießen!

kapha

vata

pitta

AYURVEDA-YOGA
1 *Die Basics*

Die Basics

1 ALTES WISSEN NEU ENTDECKT

Was ist Ayurveda-Yoga?

Ayurveda gilt als die älteste bekannte Lehre von den Zusammenhängen des Lebens, Yoga als die der Selbstverwirklichung. Die Verbindung beider Systeme führt zu einem langen und erfüllten Leben.

Was ist Ayurveda?

Ayurveda – mit diesem Wort assoziieren Menschen in Mitteleuropa meist entspannende Ölmassagen, exotische Düfte, indische Küche, Wohlbefinden oder ein geheimnisvolles, angenehmes Urlaubsgefühl. Tatsächlich bedeutet »Ayur« so viel wie »Leben« und »Veda« steht für »Wissen«, übersetzt heißt Ayurveda also »Wissen vom Leben«. Es umfasst die gesamte (Natur-)Wissenschaft, wobei der Schwerpunkt bis heute auf der Gesundheitsvorsorge und der Therapie von Erkrankungen liegt.

> Nach Ansicht der ayurvedischen Weisen ist Glücklichsein ein wichtiger Faktor bei der Erhaltung von Gesundheit.

Aktualität von Ayurveda

Ayurveda ist über 5000 Jahre alt und doch modern. Denn gerade heute rücken ganzheitliches Denken, individuelle Behandlung und Prophylaxe in der Medizin mehr und mehr in den Vordergrund. Dieser hochaktuellen Nachfrage begegnet Ayurveda mit einem traditionellen Angebot: Die ayurvedische Sichtweise ist ganzheitlich, die Therapie ist auf den persönlichen Typ abgestimmt – und der Schwerpunkt liegt auf der Prävention, der Gesundheitsvorsorge. Vorbeugen, aber auch heilen – alles geschieht auf sanfte Weise. Die uralte Heillehre kann aber noch viel mehr: Sie weiht Sie in die Kunst des Lebens ein und zeigt Ihnen Möglichkeiten, jeden Moment bewusst wahrzunehmen und zu genießen.

Grundlage der individuellen Gesundheitsvorsorge und Therapie nach der ayurvedischen Philosophie ist die Bestimmung der Konstitution (Prakriti) und eventuell vorhandener Störungen (Vikriti). Ganz wichtig dabei ist: Jeder Mensch ist hinsichtlich seiner Konstitution und den zugrunde liegenden Bioenergien, den so genannten Doshas –, sowie hinsichtlich seiner Lebensumstände individuell.

Ayurveda-Yoga BASICS

SIE MÜSSEN nach der ayurvedischen Lehre Ihre Konstitution (Prakriti) und damit Ihre Eigenschaften kennen, um zu wissen, was Ihnen nützt oder was Ihnen schadet. Wenn Sie diese Eigenschaften mithilfe der folgenden Kapitel herausgefunden haben, können Sie ganz leicht Ihr ganz persönliches Yogaprogramm für sich zusammenstellen: Das ist das Grundprinzip – und das Geheimnis – von Ayurveda-Yoga.

Was ist Yoga?

Ursprünglich bedeutet Yoga übersetzt »Vereinigung« – und diese Lehre von der Vereinigung ist in Indien seit ca. 1500 v. Chr. bekannt. Die Übungen in diesem Buch stammen aus dem System des Hatha-Yoga, die circa ab dem 8. Jahrhundert n. Chr. aufgetaucht sind. Sie werden als Werkzeuge und Hilfsmittel gesehen, um zuerst sich und seinen Körper kennen zu lernen mit seinen Stärken und Schwächen. Sie dienen dann dazu, die Fähigkeiten des Organismus zu verbessern und schließlich Körper, Geist und Seele in Einklang zu bringen.

Das Prinzip der »Vereinigung« im Ayurveda-Yoga: Dominiert weder Kopf noch Körper, fühlen Sie sich in Balance und voller Lebensenergie!

Die einzelnen Übungen im Yoga

Die Körperübungen (Asanas) des Yoga bewirken eine Verbesserung von Kraft, Beweglichkeit und Ausdauer. Blockierungen in Muskulatur und Gelenken werden gelöst, Organe aktiviert.
Die Atemübungen bewirken eine Verbesserung der Atmung und damit der Sauerstoffversorgung und Lebensenergie. Atemübungen können Sie auch nutzen, um das Nervensystem zu beruhigen oder anzuregen. Zwischen Atmung, Nervensystem, Gehirn und Gefühlen besteht nach der Lehre des Yoga ein enger Zusammenhang.
Die Entspannungsübungen lösen innere Verspannungen. Dadurch können Sie zu mehr Gelassenheit und Ruhe finden.

Zufriedenheit – das Ziel von Yoga

Im Yoga fördert das langsame, konzentrierte Üben mit der Achtsamkeit für Körper und Atem die Konzentration und bringt den Geist zur Ruhe. In diesem Zustand können Sie zu einer Art intuitiver Weisheit gelangen. Die hilft Ihnen dabei, die richtigen Entscheidungen für Ihr allgemeines Wohlbefinden zu fällen. Das Ziel im Yoga ist das Erreichen eines Geisteszustands von grundsätzlicher Zufriedenheit (Santosa) – d. h., ein glücklicher Mensch zu sein, unabhängig von den äußeren Umständen.

Was verbindet Ayurveda und Yoga?

Die gemeinsame Grundlage von Ayurveda und Yoga bildet die philosophische Schule des Samkhya, ein wissenschaftliches System, welches die Zusammenhänge des ganzen Kosmos erklärt. Die Lehren von Ayurveda und Yoga sind deshalb so ideale Partner, weil für beide das Wohlergehen aller Lebewesen an erster Stelle steht. Sowohl im Ayurveda als auch im Yoga ist es wesentlich, ein Gleichgewicht auf physischer, mentaler und spiritueller Ebene zu erlangen. Nur so kann – laut beiden Philosophien – der Mensch ein gesundes Leben mit optimaler Vitalität führen. Ayurveda und Yoga setzen dabei gleichermaßen auf die Eigenverantwortung jedes Menschen für seine Gesundheit und sein Wohlbefinden.

> ## Ayurveda-Yoga
> ### BASICS
>
> *ES IST WICHTIG, dass Sie sich in der Praxis des Ayurveda-Yoga innerhalb Ihrer eigenen Möglichkeiten und Grenzen bewegen. Dazu gehört, dass Sie mit Achtsamkeit und Klarheit auf die Signale des Körpers hören, im eigenen Rhythmus üben, nichts erzwingen, liebevoll mit sich und Ihren eventuellen Schwächen umgehen.*

Ayurveda und Yoga – die ideale Kombination

Das Wissen (Veda) vom Leben und insbesondere von der eigenen, individuellen Konstitution im Ayurveda, verbunden mit Yoga – geübt für die individuelle Konstitution, den eigenen Typ –, ergab mein System des Ayurveda-Yoga. Veda ist dabei Bindeglied zwischen beiden Systemen.

Mit dem Wissen des Ayurveda-Yoga können Sie Ihre positiven Eigenschaften verbessern und bei Bedarf Störungen ausgleichen. Dieses Buch liefert Ihnen das nötige Wissen – nur üben müssen Sie selbst!

So üben Sie richtig

Im Ayurveda-Yoga ist entscheidend, dass Sie geduldig und zufrieden mit sich selbst bleiben, auch wenn einmal eine Trainingseinheit nicht so gut klappen sollte. Üben Sie aber dennoch mit Disziplin und Ausdauer. Denn nur regelmäßiges Training bringt den Fortschritt und die Veränderung, die Ihnen zu einem echten Mehr an Lebensfreude verhelfen können. Sie können je nach Tages- oder Jahreszeit Ihr individuelles Programm wählen. Experimentieren Sie und seien Sie kreativ!

Die Basics

1 DER EIGENE WEG

Wer bin ich?

Wer bin ich? Das ist die zentrale Frage, die Sie sich stellen sollten, um auf Ihren persönlichen Weg zu Gesundheit, Fitness und einem langen Leben zu gelangen. Ayurveda-Yoga hilft Ihnen, die richtige Antwort zu finden.

Von den Elementen zu den Doshas

Im Ayurveda wird jeder Mensch als einzigartig betrachtet. Jedes Individuum hat seine persönliche Konstitution und ist dabei aus den fünf Elementen Raum, Wind, Feuer, Wasser und Erde (siehe Kasten) zusammengesetzt. Diese Elemente bilden drei Bioenergien (Doshas): Vata, Pitta und Kapha. Laut den alten Regeln des Ayurveda entsprechen den Doshas folgende Elemente: Vata besteht aus Raum und Wind, Pitta besteht aus Feuer und wenig Wasser, Kapha besteht aus Wasser und Erde.

Die fünf Elemente

Mit den fünf Elementen des Ayurveda sind nicht unsere chemischen Elemente gemeint, sondern bildlich die Eigenschaften von Raum, Wind, Feuer usw. Einige Beispiele zur Verdeutlichung:

Denken Sie etwa an Claudia Schiffer. Welche Charakteristika würden Sie ihr zuordnen? Leicht, fein und beweglich ist doch durchaus passend – nach ayurvedischer Sicht entspricht das den Eigenschaften von Raum und Wind.

Oder nehmen Sie als Beispiel Steffi Graf. Bei ihr sind Beschreibungen wie »hohe Energie« (heiß), »leicht« und »beweglich« sicher zutreffend – die Eigenschaften des Elementes Feuer. Anhand der Beispiele können Sie leicht erkennen: Die Anteile der fünf Elemente des Ayurveda und damit die Eigenschaften sind bei jedem Menschen unterschiedlich.

> ### *Ayurveda-Yoga* BASICS
> **DIE WICHTIGSTEN EIGENSCHAFTEN DER FÜNF ELEMENTE**
> *Raum: leicht, fein, glatt, klar, durchlässig. Wind: beweglich, leicht, kalt, rau, trocken, durchdringend. Feuer: heiß, leicht, beweglich, durchdringend. Wasser: flüssig, kalt, weich, schwer. Erde: schwer, stabil, dicht, hart, unbeweglich.*

Die Doshas

Die Eigenschaften der fünf Elemente finden sich in den Doshas wieder. Einige Beispiele zur Verdeutlichung:
Vata-Dosha entspricht den Eigenschaften der Elemente Raum und Wind und ist daher leicht, beweglich, kalt, rau, trocken und durchdringend.
Pitta-Dosha besteht aus Feuer mit etwas Wasser und ist daher heiß, leicht ölig, flüssig, sauer und durchdringend.

Die Basics

Kapha-Dosha ist aus Wasser (Hauptbestandteil Wasser!) und Erde zusammengesetzt und hat dementsprechend die Eigenschaften kalt, schwer, feucht, schleimig, unbeweglich, süß und weich.

Das Individuum im Mittelpunkt

Wenn Sie verschiedene Menschen betrachten, ihr Erscheinungsbild, ihre Ernährung, ihr Verhalten, ihre Toleranz gegenüber »Umwelteinflüssen« etc., so können Sie feststellen, dass sich diese Menschen unterscheiden und ihre Bedürfnisse oft völlig unterschiedlich sind. Denken Sie z. B. an Boris Becker, seine athletische Statur, seine Haut, seine Haare, seine hohe Energie und seinen Ehrgeiz. Seine Eigenschaften sind hauptsächlich durch das Element Feuer und damit durch Pitta-Dosha geprägt. Vergleichen Sie ihn mit dem Langstreckenläufer Dieter Baumann. Letzterer ist sehr leicht gebaut, beweglich und schnell. Seine Eigenschaften werden eher durch die leichten Elemente Raum und Wind und damit durch Vata-Dosha bestimmt. So bevorzugen beide sicher unterschiedliche Nahrungsmittel, sie waren in unterschiedlichen Sportarten erfolgreich, sie lieben unterschiedliche Witterung usw. Diese wichtigen individuellen Unterschiede sind nicht durch Laboruntersuchungen von Blut oder Urin festzustellen, dennoch existieren sie offensichtlich! Diese unterschiedlichen Merkmale definiert der Ayurveda als Konstitution. Werden die individuellen Bedürfnisse der persönlichen Konstitution gemäß befriedigt, ist das die ideale Voraussetzung, um sich wohl zu fühlen, gesund, fit und leistungsfähig zu bleiben.

Im Mittelpunkt steht nach Ayurveda:
Der Esser nicht das Essen;
der Sportler nicht die Sportart;
der Yogaübende nicht die einzelne Yogaübung.

Von der Theorie zur Praxis

Ayurveda-Yoga basiert auf folgenden Schritten:
1. Jedes Lebewesen und jeder Mensch ist individuell verschieden und einzigartig.
2. Menschen unterscheiden sich in der Zusammensetzung ihrer Eigenschaften.

3. Die unterschiedlichen Eigenschaften bestimmen die Doshas und damit die Konstitution (Prakriti) nach Ayurveda.
4. Die Konstitution ist Grundlage der Gesundheitsvorsorge und Therapie im Ayurveda.
5. Die Konstitution ist die Grundlage bei der Auswahl der Übungen aus dem Ayurveda-Yoga.

Zum besseren Verständnis und als Überblick sind in der nachfolgenden Tabelle die Funktionen und Eigenschaften der einzelnen Doshas zusammengestellt:

Funktionen und Eigenschaften	Vata	Pitta	Kapha
Hauptfunktion	Antreibende und steuernde, energetische Kraft, die für jede Art der Bewegung im Menschen verantwortlich ist. Sie wirkt hauptsächlich in Gehirn und Nervensystem.	Sie ist die Kraft der Transformation im Menschen und entspricht dem Stoffwechsel, z. B. der Umwandlung von Sinneseindrücken in Wissen, von Nahrung in Energie und Baustoffe etc. Sie wirkt in Verdauungssystem und Körperzelle.	Anhaltende und bewahrende Kraft im Menschen. Sie ist für den Aufbau von Körpergeweben und die Schmierung z. B. der Gelenke sowie den Schutz der Organe zuständig. Sie wirkt zwischen und in allen Geweben.
Normale Funktion	Kontrolle jeder Bewegung, Kontrolle der Sinnesorgane, Kontrolle von Ein- und Ausatmung, Kontrolle des Blutkreislaufs, Kontrolle der Ausscheidung, Höhere Funktionen des Gehirns, Kontrolle des Bewusstseins und der geistigen Tätigkeiten	Verdauung, Regelung der Körpertemperatur, Bildung der Körpergewebe und Abfallstoffe, Hunger- und Durstgefühl, Ausstrahlung, Intelligenz und Mut, Kontrolle der Emotionen, Verarbeitung von Wissen	Zusammenhalt der Zellen, Gewebe und Organe, Schutz vor Verschleiß, Stabilität und Kraft, Ausdauer, Abwehrkraft, Lebensfreude, Ruhe, Geduld und Begierdelosigkeit, Langzeitgedächtnis, Fruchtbarkeit
Hauptbestandteile (»Elemente«)	Raum + Wind	Feuer + etwas Wasser	Wasser + Erde
Eigenschaften	Kalt, leicht, rau-trocken, beweglich, klar, durchdringend	Heiß, leicht ölig, flüssig, scharf, sauer, durchdringend	Kalt, schwer, feucht, schleimig, unbeweglich, süß, weich

Die Basics

Welcher Typ sind Sie?

Bevor Sie mit Ayurveda-Yoga beginnen, ist es wichtig, Ihre Konstitution zu bestimmen. Denn erst wenn Sie Ihre Konstitution kennen, finden Sie im Ayurveda-Yoga Ihre persönlichen Übungen. Letztlich fängt das Übungsprogramm also mit der Frage an: Wie viel Vata, Pitta und Kapha steckt in mir?

Vata-Typ
ist größer oder kleiner als der Durchschnitt, eher sehr schlank, kreativ, sensibel, beweglich und aktiv.

Pitta-Typ
ist athletischer als der Durchschnitt, emotional, dynamisch, konzentriert und entschlossen.

Kapha-Typ
ist kräftiger. eher stämmig gebaut, ruhig, beständig, zufrieden und verlässlich.

Im Ayurveda-Yoga werden deshalb die Übungen genau an Ihren Grundtyp angepasst – und Sie können so Ihre ganz persönlichen Schwächen oder Stärken ausgleichen und leichter zu innerer Balance finden.

Der richtige Weg für jeden Typ

Die Bestimmung der Konstitution hilft Ihnen aber nicht nur dabei, die richtigen Ayurveda-Yoga-Übungen für Sie zu finden. Sie erfahren damit auch mehr darüber, welche Bewegungs-, welche Sportart, welche Umgebung, welcher Beruf etc. für Sie ideal wären. Wenn Sie sich mit der Ernährung nach Ayurveda befassen, erkennen Sie außerdem, warum Sie bestimmte Nahrungsmittel bevorzugen und welches die beste Ernährung für Sie ist. Und: Sie können ganz generell Ihre Vorlieben und Abneigungen bewusster wahrnehmen und verstehen. Mehr noch: Sie können sogar die Risikofaktoren (er)kennen, die zu gesundheitlichen Störungen, Energieverlust oder vorzeitigem Altern führen – und diese dann vermeiden.

Ihren richtigen Konstitutionstyp zu bestimmen kann also der Schlüssel sein, um Ihre Gesundheit zu erhalten und um möglichst lange jung und fit zu bleiben.

Von den Doshas zur Konstitution

Die Kenntnis von den Bioenergien (Doshas) und ihren Eigenschaften ist also die Grundlage zum Verständnis dessen, was im Ayurveda als Konstitution bezeichnet wird. Die Lehre unterscheidet grundsätzlich die drei verschiedenen Doshas Vata, Pitta und Kapha, die in verschiedener Zusammensetzung Grundbestandteile jedes Lebewesens sind. Jeder Mensch besitzt selbstverständlich alle drei Bioenergien, allerdings in unterschiedlicher »Menge«.

> Mann muss alles
> so einfach machen wie möglich,
> nur nicht noch einfacher.
> (nach Einstein)

Die sieben Grundtypen
Insgesamt sind sieben Dosha-Grundtypen, d. h. sieben Konstitutionen nach ayurvedischer Sicht, möglich.

Singuläre Konstitution: Geprägt wird ein Individuum durch die Eigenschaften, die laut der Einteilung in die drei Doshas am häufigsten auf ihn zutreffen. Das heißt ganz einfach: Erkennen Sie an sich hauptsächlich Vata-Eigenschaften, sind Sie ein Vata-Typ bzw. verfügen über eine Vata-Konstitution, ein überwiegender Pitta-Anteil bestimmt dagegen den Pitta-Typ und ein hoher Kapha-Anteil den Kapha-Typ.
Gemischte Konstitution: Häufiger als die reinen Formen in der Konstitution sind beim Menschen Mischformen zu beobachten. Das kann beispielsweise Vata-Pitta sein – hier überwiegen die Vata- und Pitta-Eigenschaften. Entsprechend gestalten sich die anderen Mischformen: Der Pitta-Kapha-Typ wird von Pitta- und Kapha-Eigenschaften bestimmt, der Vata-Kapha-Typ von Vata- und Kapha- Anteilen.
Tridosha-Konstitution: Ein seltener Glücksfall ist der Vata-Pitta-Kapha-Typ – solche Menschen sind völlig ausgeglichen und in perfekter Balance.

Die Kenntnis der eigenen Konstitution

Die Konstitution (Prakriti) hat in der ayurvedischen Heilkunst einen hohen Stellenwert: Sie stellt die Summe aller angeborenen, also genetisch vererbten Eigenschaften plus die Summe der frühkindlichen Umwelteinflüsse dar. Und: Sie bestimmt alle körperlichen Eigenschaften und ist Grundlage der psychischen Eigenschaften eines Individuums. Bei der Ausprägung der Konstitution spielen auch bestimmte Konstellationen zum Zeitpunkt der Zeugung und Geburt, z. B. mütterliche und väterliche Eigenschaften, der Zustand der Gebärmutter, Umwelteinflüsse und die Ernährung der Mutter während der Schwangerschaft eine Rolle. Die Kenntnis der persönlichen Konstitution ist laut Ayurveda die Basis für Gesundheit, innere und äußere Schönheit, Leistungsfähigkeit, Wohlbefinden und ein langes Leben. Denn ist die Konstitution eines Menschen erst einmal bekannt, kann er seine gesamte Lebensweise sowohl hinsichtlich der Ernährung als auch bei Yoga- oder Atemübungen, bei Sport und Bewegung usw. darauf abstimmen. Auf diese Weise können gezielt gewünschte Eigenschaften gefördert oder ungewünschte Eigenschaften vermindert werden.

Störungen der Konstitution

Jeder Mensch besitzt alle drei Bioenergien: Vata, Pitta und Kapha, allerdings in unterschiedlicher »Menge«. Es geht nicht ohne Beweglichkeit, ohne Energie oder ohne Stabilität. Das alles muss aus ayurvedischer Sicht vorhanden sein.

Abweichungen von der eigenen Konstitution, der individuellen ayurvedischen Norm, werden als Störungen (Vikriti) bezeichnet: Sie können durch vielerlei Einwirkungen entstehen und beeinflusst werden, vor allem durch Faktoren wie Ernährung, Bewegung, Alter, Tages- oder Jahreszeit, Gewohnheiten, Umwelt, Beruf, Stress und auch durch die Einnahme von Medikamenten.

Aus dem Gleichgewicht

Treten die Eigenschaften eines oder mehrerer Doshas im Übermaß auf, ist das individuelle Gleichgewicht gestört. Eine Störung der Konstitution ist entstanden, die auf lange Sicht und im schlimmsten Fall zu einer schweren Erkrankung werden kann. Ayurveda-Yoga ist in erster Linie Gesundheitsvorsorge und hat zudem das Ziel, bei Störungen oder Erkrankungen das innere Gleichgewicht wiederherzustellen. Es ist damit auch Therapie.

Unter einer Störung versteht man im Ayurveda in der Regel die Erhöhung eines oder mehrerer Doshas. Beachten Sie dabei: Jedes Dosha hat die Eigenschaft, sich selbst vermehren zu wollen!

Ein Beispiel zum besseren Verständnis

Nehmen wir einmal an, Sie sind ein Vata-Typ. Bei einer solchen Konstitution stellen diejenigen Eigenschaften das größte Risiko dar, welche Vata selbst besitzt, also vor allem »leicht« oder »beweglich«. Denn diese können gleichzeitig die Vata-Anteile dieses Typs erhöhen – das heißt, das natürliche Gleichgewicht stören.

Konkret bedeutet das: Menschen mit Vata-Konstitution sind leicht und beweglich, ihnen fällt flottes Laufen also leicht. Viele Langstreckenläufer haben daher hohe Vata-Anteile in ihrer Konstitution. Doch gerade durch schnelles Laufen (oder andere »schnelle« Sportarten) wird Vata mit seinen Eigenschaften »leicht« und »beweglich« weiter erhöht. Das bedeutet der Mensch mit Vata-Konstitution gerät durch schnelles Laufen aus dem Gleichgewicht. Es kann zu Gewichtsabnahme, Gelenk- und Knochenproblemen, Schlafstörungen usw. kommen. Zum Ausgleich sind in diesem Fall neben kräftigenden vor allem auch ruhige Übungen notwendig, die Stabilität und Regeneration bringen.

Typische Störungen

Ist Vata erhöht, kann es zu Gewichtsabnahme, trockener Haut, Nervosität, Angst, Schmerzen, allgemeinem Leistungsabfall usw. kommen.
Ist Pitta erhöht, können Reizbarkeit, Übersäuerung, Gewebeabbau, Fieber, Störungen der Leberfunktion, Entzündungen usw. die Folge sein.
Ist Kapha erhöht, sind typische Folgen Gewichtszunahme (Übergewicht), Trägheit, Verschleimungen, aber auch Asthma bronchiale, Diabetes mellitus usw.

Doch bevor wir uns näher mit den Störungen befassen, kommen wir auf den folgenden Seiten noch einmal genauer auf die Beschreibung der Konstitutionstypen zurück.

Die Basics

Die Vata-Konstitution

Ayurvedische Grundmerkmale: Die Vata-Konstitution ist geprägt durch die Eigenschaften der leichten Elemente Raum und Wind. Die Haupteigenschaften sind kalt, leicht, rau und trocken und beweglich.
Stärken: Der Vata-Typ zeichnet sich durch hohe Beweglichkeit und Schnelligkeit aus.
Schwächen: Es fehlt vor allem Stabilität und Wärme.

Der Vata-Typ

Körper: Vata-Typen sind beweglich und schnell – daher wird ihnen das Symbol einer Gazelle zugeordnet. Sie sind in der Regel sehr klein oder groß und haben einen leichten Körperbau. Sie sind feingliedrig, und die Gelenke sind schmal und gut sichtbar. Der gesamte Bewegungsapparat ist zart gebaut und störanfällig.
Ihre Haut ist fein, bräunlich und eher trocken, die Haare sind meist dünn. Die Augen sind eher klein und unruhig.
Psyche: Vata-Typen sind wenig widerstandsfähig. Ihr Nervensystem ist sehr empfindsam und reagiert leicht auf Stress. Sie sind sensibel und begeisterungsfähig.
Stärken und Schwächen: Menschen mit Vata-Konstitution sind einerseits körperlich und geistig immer aktiv. Andererseits kommen sie dadurch nur schwer zur Ruhe.
Belastbarkeit: Die psychische und körperliche Belastbarkeit ist eher gering.
Krankheitsbilder: Vata-Typen neigen zu psychosomatischen Erkrankungen, zu Herz- und Kreislauferkrankungen, Ohrgeräuschen, Erkrankungen mit Schmerzen wie Migräne etc.
Lebensweise: Menschen mit Vata-Konstitution sind offen und sehr kommunikativ. Sie können sich aber nur schwer auf ein Thema konzentrieren. Kreativität und Ideenreichtum sind ihre Stärken. Deshalb besitzen Dichter, Komponisten und Künstler in der Regel hohe Vata-Anteile (neben Pitta) in ihrer Konstitution. Menschen mit reiner Vata-Konstitution fehlt aber oft die geistige und körperliche Ausdauer, um ihre vielen Ideen umzusetzen.
Das Kurzzeitgedächtnis und die Auffassungsgabe sind sehr gut ausgeprägt. Das Langzeitgedächtnis ist weniger leistungsfähig. Das Selbstbewusstsein ist instabil und wechselnd.

Der Vata-Typ wird symbolisiert durch die Gestalt einer Gazelle sowie durch Raum und Wind. Prominente Vertreterin des Typs ist Claudia Schiffer.

Vata-Typen reisen gerne und lieben schöne Natur. Häufiges Reisen ist aber gleichzeitig ein Risiko für eine Vata-Störung.

Schlaf: Der Schlaf ist bei Vata-Konstitution eher flach und kurz. Schlafstörungen sind häufig.

Ernährung: Der Stoffwechsel, der Appetit und die Verdauung sind oft unregelmäßig. Die passende Ernährung ist für die körperliche und geistige Stabilität besonders wichtig.

Günstig sind regelmäßige, nahrhafte, warme Mahlzeiten. Vata-Typen bevorzugen die Geschmacksrichtungen süß, sauer und salzig. Ungünstig sind Rohkost, kalte Getränke, Nahrungsmittel, die zu Blähungen führen können, und die Geschmacksrichtungen scharf, bitter und herb.

Temperatur und Wetter: Menschen mit Vata-Konstitution lieben Wärme und hassen Kälte und Wind. Vor allem die kalte Jahreszeit in Mitteleuropa ist für sie problematisch.

Sport: Durch das geringe Körpergewicht und die Beweglichkeit werden Sportarten und Bewegungen wie Laufen, Ballett, Gymnastik etc. bevorzugt. Dabei muss aber immer auf einen Ausgleich geachtet werden. Aus ayurvedischer Sicht sollen insbesondere Kraft und Ausdauer geübt werden. Auch auf eine gute Regeneration sollte unbedingt geachtet werden. Vata-Typen müssen sich zur Ruhe quasi zwingen.

Ayurveda-Yoga: Im Yoga fallen Vata-Typen alle Übungen leicht, die Beweglichkeit erfordern. Dagegen gehören Übungen, für die viel Kraft, Gleichgewicht oder Ruhe notwendig sind, nicht zu ihren Lieblingsübungen. Aber gerade diese sollen bevorzugt geübt werden, um Vata im Gleichgewicht zu halten!

Beispiele: Menschen mit viel Vata in der Konstitution sind Claudia Schiffer und Dieter Baumann.

Ayurveda-Yoga BASICS

HAUPTMERKMALE BEI VATA-KONSTITUTION

Beweglich und schnell wie eine Gazelle
Körpergröße: sehr klein oder groß
Körperbau: leicht, feingliedrig, geringe Muskulatur
Psyche: sensibel, begeisterungsfähig
Liebt: Wärme
Mag nicht: Kälte und Wind
Wichtig zum Ausgleich:
Wärme; Ruhe und Geborgenheit; warme, nahrhafte Mahlzeiten; üben von Kraft und Ausdauer; beruhigende Atemübungen des Ayurveda-Yoga; viel Regeneration und Ruhe

Die Basics

Die Pitta-Konstitution

Ayurvedische Grundmerkmale: Die Pitta-Konstitution ist vor allem geprägt durch die Eigenschaften des Elements Feuer. Das Element Wasser spielt eine untergeordnete Rolle. Die Haupteigenschaften sind heiß und scharf.
Stärken: Die Pitta-Konstitution zeichnet sich durch ein hohes Energiepotenzial aus.
Schwächen: Stabilität, inneres Gleichgewicht und Beweglichkeit sind weniger ausgeprägt.

Der Pitta-Typ

Körper: Menschen mit Pitta-Konstitution besitzen die Energie eines Raubtiers und sind permanent damit beschäftigt, diese Energie in die richtigen Bahnen zu lenken. Sie sind in der Regel mittelgroß bis groß und athletisch gebaut. Die Gelenke sind weich und locker, manchmal überstreckbar.
Ihre Haut ist hell, warm, häufig mit Sommersprossen. Die Haare sind fein, häufig rötlich und ergrauen frühzeitig. Die Augen sind mittelgroß und lichtempfindlich.
Psyche: Pitta-Typen sind sehr zielgerichtet und durchsetzungsfähig. Sie scheuen keine Konflikte. Ihre Persönlichkeit ist durch Brillanz und Schärfe, aber auch durch Eigensinn bis zur Sturheit und Egoismus geprägt.
Stärken und Schwächen: Menschen mit Pitta-Konstitution haben einerseits sehr viel Energie und sind dadurch körperlich und geistig sehr leistungsfähig und dynamisch. Andererseits neigen Pitta-Typen dazu, sich zu überfordern. Ihre Energiereserven sind für den hohen Verbrauch eher gering.
Belastbarkeit: Ihre körperliche und psychische Belastbarkeit ist mittelmäßig ausgeprägt.
Krankheitsbilder: Herz- und Kreislauferkrankungen, Lebererkrankungen und Übersäuerung sind typische Pitta-Probleme.
Lebensweise: Menschen mit Pitta-Konstitution sind gute Redner und können hervorragend argumentieren. Ihre Stimme ist eher hoch und hat eine gewisse Schärfe. Sie diskutieren sehr gerne, können allerdings schlecht zuhören und empfinden berechtigte Kritik häufig als persönlichen Angriff.

Der Pitta-Typ wird symbolisiert durch die Gestalt eines Raubtiers sowie durch das Feuer. Prominente Vertreterin des Pitta-Typs ist Steffi Graf.

Aufgrund der großen Energie, Kreativität und Durchsetzungsfähigkeit, kombiniert mit viel Selbstbewusstsein, sind Menschen mit hohen Pitta-Anteilen in der Konstitution oft erfolgreich. Sie finden sich in Führungspositionen, bei erfolgreichen Künstlern und kreativ arbeitenden Menschen, im Leistungssport etc. Pitta-Typen schätzen den Wettbewerb und suchen gleichzeitig Anerkennung. Sie neigen zu Perfektionismus sich selber gegenüber und erwarten perfekte Leistung auch von anderen.

Schlaf: Menschen mit Pitta-Konstitution gehen oft sehr spät zu Bett. Sie arbeiten häufig bis spät in der Nacht.

Ernährung: Der Stoffwechsel und der Appetit sind hoch, die Verdauung ist gut. Sie schwitzen sehr viel und benötigen bei hohen Temperaturen sehr viel Flüssigkeit zum Ausgleich und zur Kühlung. Es muss auch permanent für einen Nachschub an Energie gesorgt werden. Wichtig sind hier Kohlenhydrate auch als Zwischenmahlzeit.

Pitta-Typen bevorzugen die Geschmacksrichtungen süß, bitter und herb. Auch Rohkost ist geeignet. Ungünstig sind fettige Nahrungsmittel und die Geschmacksrichtungen scharf, sauer und sehr salzig.

Temperatur und Wetter: Menschen mit Pitta-Konstitution lieben kühle Temperaturen und hassen die Hitze. Vor allem heiße Sommertage sind für Pitta problematisch.

Sport: Pitta-Typen lieben das Risiko und betreiben oft auch Risiko- und Extrem-Sportarten wie Klettern, Fallschirmspringen etc. Sie schätzen prinzipiell jeden Sport, müssen aber immer auf einen guten Ausgleich ihrer Energien achten. Aus ayurvedischer Sicht sollen Kraft, Ausdauer und Beweglichkeit in ausgewogenem Verhältnis trainiert werden. Auch eine ausreichende Regeneration darf nicht vergessen werden.

Ayurveda-Yoga: Im Yoga soll ebenfalls auf einen Ausgleich von Kraft, Beweglichkeit, Ausdauer, Gleichgewicht und Ruhe geachtet werden.

Beispiele: Menschen mit viel Pitta in der Konstitution sind Steffi Graf und Boris Becker.

Ayurveda-Yoga BASICS

HAUPTMERKMALE BEI PITTA-KONSTITUTION

Energie wie ein Raubtier
Körperbau: athletisch-muskulös
Haut: Warm, hell, häufig Sommersprossen
Psyche: hohe Energie, hohes Selbstbewusstsein, ehrgeizig
Liebt: süßes und kühle Temperaturen
Mag nicht: Sehr scharf und Hitze
Wichtig zum Ausgleich:
Anerkennung; regelmäßige, kühlende Mahlzeiten; süßer Geschmack (viele Kohlenhydrate); gleichmäßiges Üben von Kraft, Ausdauer, Beweglichkeit und Gleichgewicht; kühlende, ausgleichende Atemübungen im Ayurveda-Yoga; genügend Regeneration und Ruhe

Die Basics

Die Kapha-Konstitution

Ayurvedische Grundmerkmale: Die Kapha-Konstitution ist geprägt durch die Eigenschaften der Elemente Wasser und Erde. Die Haupteigenschaften sind schwer, unbeweglich, kalt und auch flüssig.
Stärken: Die Kapha-Konstitution zeichnet sich durch hohe Stabilität und Toleranz aus.
Schwächen: Es fehlt vor allem Beweglichkeit, Leichtigkeit und Schnelligkeit.

Der Kapha-Typ

Körper: Menschen mit Kapha-Konstitution besitzen die Kraft und Stabilität eines Bären. Sie sind kräftig und stabil gebaut. Die Gelenke sind sehr fest und alle Knochen schwer und kräftig. Dadurch sind Menschen mit Kapha-Konstitution äußerst widerstandsfähig. Die Körperkraft ist sehr hoch und das Immunsystem sehr stabil.
Ihre Haut ist hell, weich, feucht und kühl.
Die Haare sind dunkel und kräftig.
Die Augen sind groß, ausdrucksvoll und ruhig.
Psyche: Menschen mit Kapha-Konstitution verfügen über innere Ausgeglichenheit und Ruhe. Sie neigen kaum zu psychischen Störungen und sind wenig anfällig für Stress.
Stärken und Schwächen: Einerseits lieben Kapha-Typen Ruhe, Bequemlichkeit und Komfort und sind daher in der Lage zu genießen. Andererseits sind der eigene Antrieb und die eigene Energie gering, sodass Menschen mit Kapha-Konstitution immer wieder einen Anstoß von außen benötigen.
Belastbarkeit: Ihre körperliche und psychische Belastbarkeit ist sehr hoch.
Krankheitsbilder: Menschen mit Kapha-Konstitution neigen zu Krankheiten mit Schleimansammlungen wie Asthma bronchiale, mit Schwellungen wie Ödemen oder mit Verschlechterung des Stoffwechsels wie beim Diabetes mellitus.
Lebensweise: Menschen mit hohen Kapha-Anteilen wirken auf ihre Umgebung liebenswert und ruhig und haben eine angenehme ruhige Stimme. Sie sind freundlich, hilfsbereit und zuverlässig. Angefangene Aufgaben beenden sie zwar langsam, aber konsequent und gründlich. Kapha-Typen sind z.B. in administrativen Berufen zu finden. Das Lang-

Der Kapha-Typ wird symbolisiert durch die Gestalt eines Bären sowie durch Wasser und die Erde. Prominente Vertreterin des Typs ist Christine Neubauer.

zeitgedächtnis ist bei Kapha-Konstitution sehr leistungsfähig. Menschen mit dieser Konstitution vergessen nie.

Schlaf: Der Schlaf ist ruhig und tief. Schlafstörungen sind sehr selten.

Ernährung: Der Stoffwechsel und der Appetit sind eher gering. Obwohl Kapha-Typen eher wenig essen, neigen sie zur Gewichtszunahme! Die passende Ernährung ist für den Erhalt der Beweglichkeit, für eine ausreichende innere Energie, für den Erhalt eines normalen Körpergewichts etc. sehr wichtig.

Leichte, warme, kräftig gewürzte Mahlzeiten sind günstig. Nahrung, die fett und schwer aussieht, wird stehen gelassen. Kalte Getränke sollten gemieden werden. Kapha-Typen sollen die Geschmacksrichtungen scharf, bitter und herb bevorzugen. Süß, sauer und salzig vermehren Kapha und sind ungünstig.

Temperatur und Wetter: Menschen mit Kapha-Konstitution sind im Großen und Ganzen recht tolerant gegen Umwelt- und Witterungseinflüsse. Sie bevorzugen in der Regel aber warme Temperaturen.

Sport: Zu Bewegung und Sport müssen sich Kapha-Typen zwingen. Aus ayurvedischer Sicht soll vor allem Beweglichkeit und Leichtigkeit trainiert werden. Reines Krafttraining (Bodybuilding) ist ungünstig. Kraft-Ausdauertraining wie Radfahren oder Ausdauertraining wie Nordic Walking etc. sind zu bevorzugen. Dabei ist immer auf eine ausreichende Anstrengung zu achten!

Ayurveda-Yoga: Im Yoga fallen Menschen mit Kapha-Konstitution Übungen leicht, die Kraft erfordern. Übungen, für die Beweglichkeit und Leichtigkeit notwendig sind, gehören nicht zu ihrem Lieblingstraining. Diese sollen aber bei Kapha-Konstitution besonders intensiv geübt werden!

Beispiele: Menschen mit hohen Kapha-Anteilen sind beispielsweise Christine Neubauer und der Kabarettist Ottfried Fischer.

Ayurveda-Yoga BASICS

HAUPTMERKMALE BEI KAPHA-KONSTITUTION

Kräftig und stabil wie ein Bär
Körpergröße: mittelgroß bis groß
Körperbau: kräftig, schwer, stabil
Psyche: ruhig, ausgeglichen, zufrieden
Liebt: Komfort und Ruhe
Mag nicht: viel Bewegung und Anstrengung
Wichtig zum Ausgleich:
Anregung von außen; warme, leichte, kräftig gewürzte Mahlzeiten; intensives Üben von Beweglichkeit; stoffwechselanregende Atemübungen; kein Tagesschlaf; Bequemlichkeit und Lethargie überwinden

Die Basics

Die Vata-Pitta-Konstitution

Ayurvedische Grundmerkmale: Die Vata-Pitta-Konstitution ist geprägt durch die Eigenschaften der Elemente Raum, Wind und Feuer. Die Haupteigenschaften sind beweglich und heiß.
Stärken: Dieser Typ ist gekennzeichnet durch hohe Energie, Kreativität, Lebensfreude, Zielstrebigkeit, Ehrgeiz und Intelligenz.
Schwächen: Es fehlt aber Stabilität und häufig das innere Gleichgewicht.

Der Vata-Pitta-Typ

Körper: Menschen mit Vata-Pitta-Konstitution sind dynamisch und strahlen Vitalität aus. Ihr Körperbau ist in der Regel schlank, aber kraftvoll.
Psyche: Vata-Pitta-Typen sind sehr empfindsam. Sie versuchen immer perfekt zu sein und setzen sich dabei häufig selber unter Druck. Sie sind leicht überreizt und ungeduldig. Stressanfälligkeit ist eines ihrer Hauptprobleme.
Stärken und Schwächen: Der Vata-Pitta-Typ lebt einerseits sehr intensiv, andererseits arbeitet er häufig bis zur Erschöpfung.
Lebensweise: Menschen mit Vata-Pitta-Konstitution lieben schöne Natur, Musik und Malerei.
Ernährung: Vata-Pitta-Typen lieben den süßen Geschmack und sind auch auf eine hohe Zufuhr an Kohlenhydraten (als Brennstoff) angewiesen.
Sport: Die hohe Energie und der gute Stoffwechsel befähigen Menschen mit Vata-Pitta-Konstitution zu höchsten Leistungen auch auf sportlichem Gebiet.
Beispiele: Vata-Pitta-Typen sind z. B. Hanka Kupfernagel (Weltmeisterin im Rad-Cross) oder Lance Armstrong (mehrfacher Tour-de-France-Sieger).

Ayurveda-Yoga
B A S I C S

HAUPTMERKMALE BEI VATA-PITTA-KONSTITUTION
Körpergröße: unterschiedlich
Körperbau: schlank, muskulös
Psyche: sehr empfindsam, perfektionistisch
Liebt: süße Speisen, schöne Umgebung
Mag nicht: scharfe Speisen
Wichtig zum Ausgleich:
häufige Mahlzeiten; süßer Geschmack (viele Kohlenhydrate); gleichmäßiges Üben von Kraft, Ausdauer und Gleichgewicht; ausgleichende Atemübungen im Ayurveda-Yoga; genügend Regeneration und Ruhe; nicht an die Leistungsgrenze gehen

Die Vata-Kapha-Konstitution

Ayurvedische Grundmerkmale: Die Vata-Kapha-Konstitution ist geprägt durch die Eigenschaften der gegensätzlichen Elemente Raum und Wind einerseits, Wasser und Erde andererseits. Die Haupteigenschaften sind kalt sowie abwechselnd beweglich und stabil.
Stärken: Dieser Typ ist gekennzeichnet durch Beweglichkeit und Ausdauer.
Schwächen: Es besteht ein Hang zur Bequemlichkeit. Wärme sowie ein guter Stoffwechsel fehlen.

Der Vata-Kapha-Typ

Körper: Der Körperbau des Vata-Kapha-Typs ist meist schlank bis muskulös. Menschen mit dieser Konstitution sind eher groß.
Psyche: Menschen mit Vata-Kapha-Konstitution sind trotz ihres Körperbaus feinfühlig.
Stärken und Schwächen: Vata-Kapha-Typen sind einerseits in der Lage, das Leben zu genießen – und essen daher auch sehr gerne. Das kann andererseits bei fehlender Bewegung rasch zur Gewichtszunahme führen.
Lebensweise: Menschen mit Vata-Kapha-Konstitution sind gesellig und kommunikativ.
Ernährung: Ihre Energie müssen Menschen mit Vata-Kapha-Konstitution von außen zuführen. Sie sollten vorwiegend warme Mahlzeiten und wärmende Getränke zu sich nehmen.
Sport: Vata-Kapha-Typen sollen intensiv und ausgleichend Beweglichkeit, Kraft und Ausdauer üben. Gut geeignet sind Radfahren, Nordic Walking, Bergwandern etc. Am besten üben Sie in der Gruppe, da Sie hier leichter Ihre natürliche Bequemlichkeit überwinden.
Beispiele: Ein Vata-Kapha-Typ ist z. B. der Nachrichtensprecher Ulrich Wickert.

Ayurveda-Yoga BASICS

HAUPTMERKMALE BEI VATA-KAPHA-KONSTITUTION
Beweglich, gute Ausdauer, geringe Energie
Körpergröße: meist groß
Körperbau: schlank bis kräftig und muskulös
Psyche: feinfühlig
Liebt: Wärme
Mag nicht: Kälte
Wichtig zum Ausgleich:
Wärme und Anregung von außen; warme Mahlzeiten und wärmende Getränke; intensives, ausgleichendes Üben von Beweglichkeit, Kraft und Ausdauer; ausgleichende Atemübungen im Ayurveda-Yoga; keine unnötige Kalorienzufuhr; Bequemlichkeit überwinden

Die Basics

Die Pitta-Kapha-Konstitution

Ayurvedische Grundmerkmale: Die Pitta-Kapha-Konstitution ist geprägt durch die gegensätzlichen Elemente Feuer und Wasser sowie Erde. Die Haupteigenschaften sind stabil und können wechseln zwischen heiß und kalt.
Stärken: Dieser Typ ist gekennzeichnet durch hohe Energie, großes Durchsetzungsvermögen und gleichzeitig große Stabilität und Ausdauer.
Schwächen: Es fehlt Beweglichkeit und Leichtigkeit. Pitta-Kapha-Typen »gehen gerne mit dem Kopf durch die Wand«.

Der Pitta-Kapha-Typ

Körper: Der Pitta-Kapha-Typ ist gekennzeichnet durch hohe Energie bei gleichzeitig robustem, kräftigem Körperbau. Die Gesundheit, das Immunsystem, die Kraft und Ausdauer sind ausgezeichnet.
Psyche: Geduld und Ruhe, aber auch Scharfsinn und Zielstrebigkeit sind gut ausgeprägt.
Krankheitsbilder: Bei Menschen mit Pitta-Kapha-Konstitution machen sich unregelmäßige Lebensweise, ungünstiges Essen, hohe Belastungen und Stress erst nach vielen Jahren bemerkbar.
Lebensweise: Pitta-Kapha-Typen mangelt es oft an Feingefühl und Einfühlungsvermögen. Im Umgang mit anderen wirken sie häufig dominierend.
Ernährung: Ölige und fette sowie saure und sehr salzige Speisen sind ausgesprochen ungünstig.
Sport: Die fehlende Beweglichkeit muss durch regelmäßige körperliche Übungen ausgeglichen werden. Es soll intensiv geübt werden. Dabei ist es wichtig, auf einen Ausgleich von Beweglichkeit, Kraft und Ausdauer zu achten.
Beispiele: Menschen mit Pitta-Kapha-Konstitution sind z. B. die Boxbrüder Klitschko.

Ayurveda-Yoga
BASICS

HAUPTMERKMALE BEI PITTA-KAPHA-KONSTITUTION

Gute Ausdauer, hohe Energie
Körpergröße: mittelgroß bis groß
Körperbau: kräftig und muskulös
Psyche: wenig Einfühlungsvermögen
Liebt: langfristige Planung und konsequente Umsetzung
Mag nicht: Salziges, saures und fettes Essen

Wichtig zum Ausgleich:
körperliche Bewegung; Meiden von fetten, sauren und salzigen Speisen; intensives, ausgleichendes Üben von Beweglichkeit, Kraft und Ausdauer; ausgleichende Atemübungen im Ayurveda-Yoga; schönes Zuhause; ausgeglichenes Umfeld

Die Vata-Pitta-Kapha-Konstitution

Ayurvedische Grundmerkmale: Die Vata-Pitta-Kapha-Konstitution, auch Tridosha-Konstitution genannt, ist sehr selten. Sie ist eine völlig ausgeglichene Konstitution und setzt sich aus den Charakteristika aller fünf Elemente Raum, Wind, Feuer, Wasser und Erde zusammen, die jeweiligen Anteile sind dabei im genau gleichen Verhältnis vorhanden.

Stärken: Dieser Typ ist gekennzeichnet durch Beweglichkeit, Energie, Ausdauer und Stabilität in perfekter Harmonie.

Schwächen: Es gibt praktisch keine Schwächen. Bei den seltenen Störungen bei dieser Konstitution können allerdings leichte Schwächen in den Bereichen Beweglichkeit, Stabilität oder Energie auftreten. Diese sind jedoch leicht auszugleichen.

Der Vata-Pitta-Kapha-Typ

Körper: Menschen mit Vata-Pitta-Kapha-Konstitution (Tridosha-Konstitution) haben einen gleichmäßig ausgeprägten Körperbau und sind in der Regel von mittlerer Körpergröße.
Dieser Typ ist gekennzeichnet durch sehr hohe Stabilität bei gleichzeitig guter Beweglichkeit, ein sehr gutes Immunsystem und einen guten Stoffwechsel.

Psyche: Menschen mit Tridosha-Konstitution sind kreativ und einfühlsam, zielstrebig, sanft und gelassen gleichzeitig.

Krankheitsbilder: Krankheiten und Störungen sind eher schicksalhaft bedingt.

Lebensweise: Vata-Pitta-Kapha-Typen gelten als vorbildliche Menschen.

Ernährung: Es kann je nach Befinden aus allen Geschmacksrichtungen gewählt werden. Bevorzugt werden sollte, wie im Ayurveda üblich, frische bzw. frisch zubereitete Nahrung.

Sport: Jede Sportart ist ohne Einschränkungen möglich.

Beispiele: Hier kann Mutter Theresa oder der Dalai Lama genannt werden.

> *Ayurveda-Yoga*
> **BASICS**
>
> **HAUPTMERKMALE BEI VATA-PITTA-KAPHA-KONSTITUTION**
> *(= Tridosha-Konstitution)*
> *Gute Beweglichkeit, Ausdauer und Stabilität sowie hohe Energie im Gleichgewicht*
> *Körpergröße: mittelgroß*
> *Körperbau: gleichmäßig ausgeprägt*
> *Psyche: sehr einfühlsam, kreativ, zielstrebig und ruhig*
> *Liebt: hat keine besonderen Vorlieben*
> *Mag nicht: hat keine besonderen Abneigungen*
> ***Wichtig zum Ausgleich:***
> *Ein Ausgleich ist nicht notwendig.*

kapha

vata

pitta

IHRE KONSTITUTION

2 *Wie finde ich meinen Weg?*

Wie finde ich meinen Weg?

2 BESTIMMUNG DER PERSÖNLICHEN DOSHAS

Welcher Typ sind Sie?

Es gibt für jeden das passende Yogaprogramm, Sie müssen nur herausfinden, welches für Sie das beste ist. Ihre individuelle Ayurveda-Konstitution weist Ihnen den Weg – auch bei möglichen Störungen und Beschwerden.

Fragebogen zur Konstitution

Bei gesunden Personen kann die Konstitution relativ problemlos mittels Fragebogen bestimmt werden. Er ermöglicht es Ihnen, ganz unkompliziert Ihre Konstitution zu finden, nach der Sie dann Ihr individuelles Ayurveda-Yoga-Programm ausrichten können.

Vorbereitung zum Test

Wenn Ihre Gesundheit stark beeinträchtigt ist, rate ich Ihnen von einer Selbstbestimmung ab. In diesem Fall ist eine Kontrolle und Bestimmung durch einen Ayurveda-Spezialisten sicherlich sinnvoll. **Bitte seien Sie unbedingt ehrlich** zu sich selbst. Nur so ist gewährleistet, dass Sie sich korrekt beurteilen und sich der richtigen Konstitution zuordnen. **Sie sollten den Fragebogen-Test** mindestens viermal pro Jahr durchführen, am besten zu den vier mitteleuropäischen Jahreszeiten. Dies ist sinnvoll, da im Lauf eines Jahres vielfältige Umwelteinflüsse (z. B. Temperatur, Wind etc.) auf Sie einwirken und auch Ihre persönliche Lebensweise in diesem Zeitraum unterschiedlich sein kann. Dadurch ändert sich zwar nicht Ihre Grundkonstitution. Vorübergehende Verschiebungen oder gar Störungen werden jedoch schnell erkannt und können von Ihnen durch Ayurveda-Yoga oder eine Ernährung nach ayurvedischen Richtlinien ausgeglichen werden.

Ayurveda-Yoga BASICS

SO STIMMEN SIE SICH RICHTIG AUF DEN FRAGEBOGEN EIN:
Nehmen Sie sich eine kleine Auszeit für die Beantwortung der Fragen. Wählen Sie dazu einen ruhigen Ort! Entspannen Sie sich, evtl. bei ruhiger Musik.

Jetzt kann es losgehen

Beantworten Sie alle Fragen spontan. Für jede Frage, d. h. in jeder Zeile, können eine, zwei oder sogar drei Antworten (sehr selten) zutreffend sein, Sie dürfen also mehrere Möglichkeiten ankreuzen. Für jede Antwort gibt es einen Punkt. Zählen Sie danach die Anzahl der Antworten, d. h. die Punkte in jeder Spalte, zusammen, und notieren Sie die jeweilige Ziffer. Im Anschluss an den Fragebogen finden Sie dann die Auflösung und die Antwort auf die Frage nach Ihrer individuellen Konstitution sowie Ihrem ganz persönlichen Ayurveda-Yoga-Programm.

Wie finde ich meinen Weg?

Fragen und Feststellungen zu	Vata	Pitta	Kapha
Körperbau	Leicht, sehr klein oder groß	Schlank, mittelgroß, muskulös	Kräftig, stark, stämmig ✓
Hände / Gelenke	Feine, schmale Hände; gut sichtbare, schmale Gelenke	Warme, wohl geformte Hände; weiche, lockere Gelenke ✓	Große, kräftige Hände; große, kräftige Gelenke
Körpergewicht	Gering	Mittel	Hoch ✓
Haut	Fein, bräunlich, trocken ✓	Hell, warm, Sommersprossen	Hell, weich, feucht, kühl ✓
Haare	Trocken, nicht sehr dicht	Fein, frühes Ergrauen, frühzeitige Glatzenbildung (Männer)	Kräftig, dicht, glänzend ✓
Nägel	Dünn, schmal	Weich, regelmäßig ✓	Dick, fest ✓
Zähne	Klein, unregelmäßig	Mittel, regelmäßig ✓	Groß, regelmäßig
Augen	Klein, unruhig, trocken	Mittel, lichtempfindlich ✓	Groß, glänzend, ruhig ✓
Lippen	Fein	Mittel ✓	Voll, rot
Durstgefühl	Mittel	Hoch	Gering ✓
Appetit	Unterschiedlich	Gut bis hoch ✓	Wenig bis gering
Urin	Wenig, hellgelb ✓	Kräftig gelb, starker Geruch ✓	Milchig trüb oder kaum gefärbt
Stuhlgang	Wenig, fest, Tendenz zur Verstopfung ✓	Reichlich, auch mehrfach täglich, Tendenz zu Durchfall ✓	Gut geformt, manchmal hell, manchmal schleimig ✓
Schweiß	Spärlich, geruchlos ✓	Reichlich, starker Geruch	Kalter Schweiß, wenig Geruch ✓
Stimme	Leise, manchmal heiser	Hoch, eher laut ✓	Angenehm tief
Schlaf	Leichter Schlaf, geringes Schlafbedürfnis	Wacht manchmal auf, mittleres Schlafbedürfnis, geht spät zu Bett ✓	Tiefer, ungestörter Schlaf
Geschmack	Mag süß, sauer, salzig ✓	Mag süß, bitter, herb	Mag scharf, bitter, herb ✓

34

VATA = 9   KAPHA = 13   PITTA - KAPHA
PITTA = 16

Bestimmung der persönlichen Doshas

Fragen und Feststellungen zu	Vata	Pitta	Kapha
Vorlieben beim Essen	Warm, kräftig, keine Rohkost ✓	Kühl, mag Rohkost	Heiß, auch trockene Nahrungsmittel
Körperkraft	Gering ✓	Mittel, athletisch ✓	Hoch
Ausdauer	Gering ✓	Mittel, hoher Ehrgeiz ✓	Gute Ausdauer
Aktivität	Schnell, beweglich	Mittelschnell, hohe Motivation	Langsam, geringe Beweglichkeit
Sexualität	Wechselnd ✓	Mittel, intensiv ✓	Stark, ausdauernd ✗
Gedächtnis	Schnelle Auffassungsgabe, gutes Kurzzeitgedächtnis ✓	Scharfe Auffassungsgabe, mittleres Kurz- und Langzeitgedächtnis ✓	Langsam, gutes Langzeitgedächtnis ✓
Selbstbewusstsein	Wechselnd ✓	Gut mit hohem Durchsetzungsvermögen ✓	Gleich bleibend hoch
Gefühle	Kreativ, begeisterungsfähig, sensibel, manchmal unentschlossen ✓	Temperamentvoll, ehrgeizig, kritisch, manchmal launisch ✓	Ruhig, zufrieden, tolerant
Immunität	Unterschiedlich, manchmal anfällig gegenüber Krankheiten mit Schmerzen ✓	Mittel, anfällig gegen Infektionskrankheiten	Gut und stabil, anfällig gegen Verschleimung ✓
Lebensgewohnheiten	Reist gerne, mag schöne Natur, bewegt sich gerne ✓	Mag sehr aktiven Sport, mag Leistungs- und Extremsport, wettkampforientiert	Kann genießen, mag Entspannung, auch Faulsein, ist gerne am Wasser ✓
Ansichten und Einstellungen	Veränderlich, manchmal unberechenbar	Entschlossen, manchmal fanatisch ✓	Gleich bleibend, konservativ
Leistungshoch	Früher Morgen und Spätnachmittag	Vormittag und früher Abend ✓	Um die Mittagszeit und um Mitternacht ✓
Abneigung gegen	Kälte und Wind	Hitze	Kälte und Nässe ✓

Wie finde ich meinen Weg?

Die Auswertung zur Konstitution

Das Grundprinzip der Auswertung ist einfach: Das Dosha oder die Doshas, die die höchste Punktzahl erreichen, bestimmen Ihre Konstitution. Die Anteile der anderen Doshas können dabei sehr unterschiedlich sein. Dies spielt für Ihre Grundkonstitution jedoch keine Rolle!

Gemischte Konstitution

Die meisten Menschen haben eine gemischte Konstitution, also Vata-Pitta, Pitta-Kapha oder Vata-Kapha.
In diesem Fall liegen die Ergebnisse in zwei Spalten bei der Auswertung dicht beieinander. Ist Ihre Punktzahl in zwei Spalten gleich oder es ergeben sich nicht mehr als drei Punkte Unterschied, dann besitzen Sie eine gemischte Konstitution. In der dritten Spalte ist die Punktzahl dann deutlich geringer.

Beispiel Vata-Pitta-Konstitution:			Beispiel Pitta-Kapha-Konstitution:		
(Vata-Pitta-Typ)			(Pitta-Kapha-Typ)		
Spalte 1	**Vata**	18 Punkte	Spalte 1	**Vata**	4 Punkte
Spalte 2	**Pitta**	15 Punkte	Spalte 2	**Pitta**	17 Punkte
Spalte 3	**Kapha**	6 Punkte	Spalte 3	**Kapha**	14 Punkte

Singuläre Konstitution

Seltener sind Menschen mit einer reinen, singulären Konstitution, also Vata, Pitta oder Kapha.
In diesen Fällen finden Sie in einer Spalte eine deutlich höhere Punktzahl als in den beiden anderen.

Beispiel Kapha-Konstitution:			Beispiel Pitta-Konstitution:		
(Kapha-Typ)			(Pitta-Typ)		
Spalte 1	**Vata**	6 Punkte	Spalte 1	**Vata**	7 Punkte
Spalte 2	**Pitta**	8 Punkte	Spalte 2	**Pitta**	15 Punkte
Spalte 3	**Kapha**	17 Punkte	Spalte 3	**Kapha**	10 Punkte

Tridosha-Konstitution

Noch seltener als Menschen mit einer singulären Konstitution, eher ein – besonders glücklicher! – Sonderfall, sind solche mit einer Tridosha-Konstitution.

In diesem Fall findet sich in allen drei Spalten die praktisch gleiche Punktzahl (Abweichung höchstens drei Punkte).

> **Beispiel Vata-Pitta-Kapha-Konstitution:**
> (Vata-Pitta-Kapha-Typ)
> Spalte 1 **Vata**   9 Punkte
> Spalte 2 **Pitta** 11 Punkte
> Spalte 3 **Kapha** 8 Punkte

Von der Konstitution zum Ayurveda-Yoga-Programm

Haben Sie Ihren Typ gefunden? Freuen Sie sich darüber, egal wie das Ergebnis auch ausfällt. Denn kein Typ bzw. keine Konstitution ist schlecht oder negativ! Jeder Mensch muss nur lernen, mit seinen Eigenheiten und Fähigkeiten zu leben und nicht gegen sie. Mit Ayurveda-Yoga zeigen wir Ihnen, wie.

Dabei gilt ein einfaches Grundprinzip, um das Passende für Ihre persönliche Konstitution zu finden: Jeder Typ benötigt auch die Eigenschaften, die in seiner Konstitution fehlen. Im Ayurveda-Yoga-Programm erfahren Sie, wie Sie einerseits fehlende Eigenschaften aufbauen können, andererseits bestehende optimal nutzen können. Auf diese Weise wird sowohl Ihr inneres Gleichgewicht wiederhergestellt als auch Ihr ureigenstes Potenzial voll ausgeschöpft. So leben Sie mehr und mehr im Einklang mit sich selbst – und das ist die Grundlage für ganzheitliche Gesundheit, seelische und körperliche!

Das Programm für Ihre Konstitution

Den ersten Schritt für ein erfolgreiches langes Leben, Wohlbefinden und Gesundheit sind Sie gegangen: Sie haben Ihre individuelle Konstitution bestimmt und kennen damit Ihre persönlichen Eigenschaften. Jetzt sollten Sie Ihre Fähigkeiten nutzen und fehlende Eigenschaften durch Ayurveda-Yoga ergänzen. Zusätzlich können Sie die positiven Effekte einer Konstitutions angepassten ayurvedischen Ernährung nutzen.

Um die Konstitution im Gleichgewicht zu halten, müssen diejenigen Eigenschaften vermehrt werden, die in der Konstitution fehlen!

Machen Sie sich nochmals Ihre eigenen Eigenschaften anhand des Konstitutions-Fragebogens klar. Überlegen Sie, in welchem Bereich und in welcher Richtung Sie einen Ausgleich benötigen. Erst dann sollten Sie zur Praxis schreiten.

Programm-Beispiel für den Vata-Typ

Vorhandene Eigenschaften: leicht, kalt, rau-trocken, beweglich.
Fehlende Eigenschaften: schwer, warm, weich-flüssig, stabil.
Ausgleich durch Ayurveda-Ernährung: warme, nahrhafte Mahlzeiten mit den Hauptgeschmacksrichtungen süß, sauer und salzig sind optimal. Auf genügend warme Getränke achten.
Ausgleich durch Ayurveda-Yoga-Übungen: Körperübungen (Asanas) sollen Kraft, Stabilität und Ruhe schaffen. Die dazugehörigen Atemübungen bringen nach Bedarf Wärme, Ruhe oder Energie.

Programm-Beispiel für den Pitta-Typ

Vorhandene Eigenschaften: heiß, beweglich, groß und athletisch gebaut, sehr hohe Energie.
Fehlende Eigenschaften: stabil, kühl, ruhig.
Ausgleich durch Ayurveda-Ernährung: Menschen mit sehr hohem Pitta haben den »Brennstoffverbrauch« eines Formel-1-Rennwagens! Dem kommen sie am besten mit mild gewürzten Mahlzeiten mit vielen Kohlenhydraten (»süßer« Geschmack) entgegen. Die Hauptgeschmacksrichtungen sollen süß, bitter und herb sein. Kühlende Getränke sind günstig.

Ausgleich durch Ayurveda-Yoga: Durch Körperübungen sollen Kraft, Beweglichkeit und Ausdauer ausgewogen trainiert und im Gleichgewicht gehalten werden. Die sehr hohe innere Energie soll durch Aktivität reguliert werden. Ausgleichende und kühlende Atemübungen sind günstig.

Programm-Beispiel für den Kapha-Typ

Vorhandene Eigenschaften: stabil, schwer, weich, eher unbeweglich, kalt, kräftige Statur.
Fehlende Eigenschaften: beweglich, leicht, warm, Energie.
Ausgleich durch Ayurveda-Ernährung: Ideal sind kräftig gewürzte, warme, leichte Mahlzeiten mit den Hauptgeschmacksrichtungen scharf, bitter und herb. Heiße Getränke sind günstig.
Ausgleich durch Ayurveda-Yoga: Körperübungen sollen Beweglichkeit, Leichtigkeit und Energie bringen. Die dazugehörigen Atemübungen schaffen Wärme und Energie.

Programm-Beispiel für den Vata-Pitta-Typ

Vorhandene Eigenschaften: beweglich, leicht, energiegeladen (heiß), schlank und muskulös.
Fehlende Eigenschaften: stabil, ruhig.
Ausgleich durch Ayurveda-Ernährung: Menschen mit Vata-Pitta-Konstitution benötigen eine hohe »Brennstoffzufuhr« in Form von Kohlenhydraten. Daher sind häufige Mahlzeiten mit der Hauptgeschmacksrichtung süß = Kohlenhydrate optimal. Sie sollten genügend trinken. Zum Ausgleich brauchen sie außerdem je nach Bedarf Kühlung oder Wärme.
Ausgleich durch Ayurveda-Yoga: Körperübungen sollen einen Ausgleich schaffen zwischen Kraft, Ausdauer, innerem und äußerem Gleichgewicht und Ruhe (Entspannung). Auch die Atemübungen sollen einen Ausgleich der sehr hohen Energie schaffen sowie genügend Regeneration und Ruhe. Menschen mit dieser Konstitution müssen darauf achten, dass sie nicht immer an oder gar über ihre Leistungsgrenze gehen!

Wie finde ich meinen Weg?

2 BESTIMMUNG MÖGLICHER STÖRUNGEN

Aus der Balance

Ist Ihre Konstitution aus dem Gleichgewicht geraten, oder leiden Sie unter bestimmten Beschwerden? Ayurveda-Yoga begleitet Sie auf dem Weg, Ihre innere Balance und damit Ihre Gesundheit wiederherzustellen.

Fragebogen zu Störungen

Ihre prinzipielle Konstitution, Ihren persönlichen Typ, kennen Sie nun. Um effektiv und sinnvoll Ayurveda-Yoga zu üben, sollten Sie sich selbst noch etwas besser kennen lernen. Mithilfe der folgenden Tabelle können Sie daher jetzt auch einfach und übersichtlich mögliche Störungen Ihres Typs bestimmen. Und das ist durchaus sinnvoll und wichtig!

Was versteht man unter einer Störung?

Wenn die individuelle Zusammensetzung der Eigenschaften eines Menschen und damit seine Doshas aus dem Gleichgewicht geraten, nennt man diesen Zustand aus ayurvedischer Sicht Störung (Vikriti). Durch dieses Ungleichgewicht wird Ihr körperliches – und/oder psychisches – Wohlbefinden gestört. Als Folge können Beeinträchtigungen der Gewebe und Organe und letztlich Krankheiten entstehen. Das Ziel von Gesundheitsvorsorge und Therapie im Ayurveda ist es, die gestörten Doshas wieder ins Gleichgewicht zu bringen. Dies wird durch konsequentes Üben mit Ayurveda-Yoga erreicht. Der erste Schritt dazu ist, Ihre ganz persönlichen möglichen Störungen zu erkennen. Mit Ihrem individuellen, darauf abgestimmten Ayurveda-Yoga-Programm im Praxis-Teil des Buches (siehe Seite 50 ff.) können Sie diese dann ausgleichen und beseitigen.

> **Ayurveda-Yoga BASICS**
>
> **VERGESSEN SIE NICHT,** sich richtig auf den Fragebogen einzustimmen: Wählen Sie einen ruhigen Ort. Nehmen Sie sich genügend Zeit. Entspannen Sie sich vor Beantwortung der Fragen. Beantworten Sie alle Fragen des Fragebogens spontan, aber gewissenhaft. Seien Sie dabei ehrlich zu sich selbst!

Vorbereitung zum Test

In dem nachfolgenden Fragebogen habe ich die wichtigsten Störungen, die bei Ihnen vorhanden sein könnten, dargestellt. Sie sollten auch diesen Test mindestens viermal pro Jahr durchführen, am besten zu den vier mitteleuropäischen Jahreszeiten. Grundsätzlich sind auch bei diesem Fragebogen jeweils ein, zwei, evtl. drei Antworten möglich. Für jede Antwort gibt es einen Punkt. Zählen Sie die Anzahl der Antworten, d. h. die Punkte, in jeder Spalte zusammen. Die Auswertung Ihres Endergebnisses finden Sie im Anschluss an den Test. Nun kann's losgehen!

Wie find ich meinen Weg?

Fragen und Feststellungen	Vata	Pitta	Kapha
Wie steht es mir Ihrem Gewicht?	Untergewicht, Gewichtsabnahme	Gewichtsverlust trotz Heißhunger	Übergewicht, Gewichtszunahme
Wie ist Ihre Verdauung und Ihr Stuhlgang?	Verstopfung und sehr harter, unregelmäßiger Stuhlgang, Blähungen	Durchfall	Stuhlgang selten, schleimig, aber nicht hart
Wie ist Ihr Appetit?	Stark wechselnd bis schlecht	Heißhunger	Essen ohne Hunger
Wie ist Ihre Haut?	Sehr trocken, rissig, dunkle Flecken	Nässende Ekzeme, Juckreiz, Rötung, feuchte Hände	Juckreiz Sehr fettig, manchmal
Wie sind Ihre Haare?	Sehr dünn, spröde	Vorzeitiger Haarausfall	Fettig
Wie sind Ihre Gelenke?	Steif, evtl. Gelenkschmerzen	Gelenkentzündungen	Schwellungen der Gelenke und Flüssigkeit in den Gelenken
Wie würden Sie Ihre Beweglichkeit und Ihren Ehrgeiz beschreiben?	Überbeweglich, zappelig, unruhig	Überehrgeizig	Unbeweglich, träge, komme kaum in Schwung
Wie würden Sie Ihre allgemeine Gefühlslage charakterisieren?	Nervös, unruhig, hektisch	Perfektionistisch, aggressiv	Müde und faul
Wie sind Ihre Sinnesorgane?	Überempfindlich für alle Sinne	Gerötete Augen, Bindehautentzündungen	Abgestumpft
Wie würden Sie Ihr allgemeines Verhalten charakterisieren?	Fange viele Dinge an und beende keines	Verfolge meine Ziele ohne Rücksicht	Hafte an der Vergangenheit
Wie steht es mit Ihrer Psyche?	Hysterie, Angstanfälle und akute Depressionen	Sucht: Nikotin, Alkohol oder Drogen, Wutanfälle	Rückzug, Unansprechbarkeit
Wie würden Sie Ihre Lebensweise beschreiben?	Unsicher; suche, aber finde keine Kontakte	Risikoreich; fahre risikoreich Auto, gehe bei Sportarten höchstes Risiko ein	Phlegmatisch; liebe Essen und Nichtstun
Wie steht es mir Ihrem Schlaf?	Kann nicht einschlafen, wache ständig auf, morgens zittrig	Kann nicht durchschlafen, habe wilde Träume, Nachtschweiß	Kann dauernd schlafen, komme morgens nicht in Schwung

42

Bestimmung möglicher Störungen

Fragen und Feststellungen		Vata	Pitta	Kapha
Haben Sie folgende Krankheitssymptome/ Krankheiten	1	Starke Schmerzen aller Art	Brennen im Bauch oder Brustkorb	Dumpfe Schmerzen ⁄
	2	Trockener Husten, dauerndes Räuspern	Eitrige Bronchitis, häufige Mandelentzündungen	Nasennebenhöhlenprobleme
	3	Arthrose, Gelenkverschleiß, Osteoporose	Entzündungen mit Rötung und Schmerz an Extremitäten	Ödeme, Schwellungen der Extremitäten und Gelenke
	4	Neurodermitis ⁄	Allergien ⁄	Asthma bronchiale ⁄
	5	Bluthochdruck mit blasser Hautfarbe (viel Stress)	Bluthochdruck mit roter Haut (Stress und extremer Ehrgeiz)	Bluthochdruck bei Übergewicht
		(1)	(1)	(2)

Die Auswertung zu Störungen

Keine oder geringe Punktzahl: Wenn Sie nur geringe Störungen gefunden haben und gesund sind, freuen Sie sich! Sie dürfen Ihren guten Gesundheitszustand durchaus feiern. Denken Sie aber auch an den Schwerpunkt von Ayurveda: den Erhalt des Wohlbefindens und der Gesundheit. Mit Ayurveda-Yoga können Sie dieses Ziel erreichen.

Mehr als drei Punkte in einer Spalte: Hier liegt sicher eine wesentliche Störung vor, die bei Nichtbeachten zu Krankheiten führen kann. Doch keine Sorge: Mit den richtigen Ayurveda-Yoga-Übungen bekommen Sie das sicher wieder in den Griff! Im anschließenden Kapitel zeigen wir Ihnen, wie.

Mehrere Punkte aus zwei Spalten oder Punkte aus dem Bereich »Krankheiten« oder »Psyche«: Wenden Sie sich unbedingt an einen Arzt! Lassen Sie sich untersuchen und umfassend beraten. Wenn möglich, lassen Sie Konstitution und Störung von einem in Ayurveda ausgebildeten Arzt oder Therapeuten überprüfen.

Wie finde ich meinen Weg?

Yogaunterricht bei Erkrankungen soll nur von einem sehr erfahrenen und in Ayurveda/westlicher Medizin geschulten Yogalehrer erteilt werden!

Wenn Sie schwere Störungen oder Erkrankungen haben, setzen Sie sich erreichbare Ziele. Arbeiten Sie am Ziel Ihrer persönlichen Gesundheit. Kein Arzt, kein Therapeut und kein Medikament können Ihnen diese ganzheitliche Arbeit (Therapie) an der eigenen Gesundheit abnehmen. Sie sind für sich der beste Therapeut! Ayurveda-Yoga kann Ihnen auf Ihrem individuellen Weg helfen.

Beispiel: Keine Störung

Sie sind in einem ausgeglichenen Zustand. Sie können nach Bedarf und Ziel flexibel aus allen Ayurveda-Yoga-Programmen üben.

Spalte 1	**Vata-Störungen**	0 Punkte
Spalte 2	**Pitta-Störungen**	0 Punkte
Spalte 3	**Kapha-Störungen**	0 Punkte

Beispiel: Leichte Vata-Störung

In diesem Fall kann flexibel aus allen Programmen geübt werden, allerdings mit Schwerpunkt auf dem Vata- und Tridosha-Programm.

Spalte 1	**Vata-Störungen**	1 Punkt
Spalte 2	**Pitta-Störungen**	0 Punkte
Spalte 3	**Kapha-Störungen**	0 Punkte

Beispiel: Wesentliche Vata-Störung

In diesem Fall wird unabhängig von der Konstitution zuerst die Vata-Störung beachtet. D.h., es wird konsequent Ayurveda-Yoga für Vata geübt, Bewegung für Vata durchgeführt, eine Vata-Ernährung (siehe hierzu bei Bedarf in der entsprechenden Literatur) eingehalten usw., bis sich Wohlbefinden eingestellt hat und die Doshas im Gleichgewicht sind. Zur Kontrolle beantworten Sie die Fragen erneut. Ist Ihr Gefühl richtig gewesen, dürfen jetzt maximal 2 Punkte in einer Spalte anfallen (am besten natürlich 0 Punkte).

Spalte 1	**Vata-Störungen**	5 Punkte
Spalte 2	**Pitta-Störungen**	1 Punkt
Spalte 3	**Kapha-Störungen**	1 Punkt

Beispiel: Wesentliche Pitta-Störung bzw. Pitta-Erkrankung

Sie haben aus dem Bereich »Krankheitssymptome« z. B. Bluthochdruck angekreuzt. Bitte suchen Sie einen Arzt auf! Üben Sie zunächst nur Ayurveda-Yoga für Pitta. Bewegung und Ernährung sollte auf den Pitta-Typ abgestimmt werden.

Spalte 1	**Vata-Störungen**	1 Punkt
Spalte 2	**Pitta-Störungen**	1 Punkt
	aus dem Bereich »Krankheitssymptome«	
Spalte 3	**Kapha-Störungen**	1 Punkt

Von der Konstitution zur Yogapraxis

Das Grundprinzip für ein Ayurveda-Yoga-Programm, das auf Störungen abgestimmt ist, ist wieder ganz einfach: Bei einer Vata-Störung werden vor allem Vata-Übungen, bei Pitta-Störungen Pitta- und bei Kapha-Störungen Kapha-Übungen mit den entsprechenden Richtlinien geübt. Hat sich das Gleichgewicht der Doshas und damit das Wohlbefinden und die Gesundheit wieder eingestellt, können Sie Ihr persönliches Ayurveda-Yoga-Programm flexibel gestalten.

Das Programm für Störungen Ihrer Konstitution

Im Folgenden finden Sie einige Beispiele zum besseren Verständnis. Ich habe dabei häufig auftretende Störungen und Probleme gewählt. So stellen die Einzelexempel durchaus einen repräsentativen Durchschnitt von »Störfällen« dar, in denen sich der ein oder andere von Ihnen leicht wiederfinden kann. Wenn nicht: Das ausführliche und persönlich auf Sie abgestimmte Ayurveda-Yoga-Programm folgt dann im Praxis-Teil des Buches (siehe Seite 50 ff.).

Bei den Maßnahmen zum Ausgleich der Störungen habe ich Ihnen ein Komplettpaket zusammengestellt: Neben den Empfehlungen zu Ayurveda-Yoga im Speziellen und Sport im Allgemeinen finden Sie auch kurze Hinweise zur richtigen Ernährung – für eine ganzheitliche Therapie ganz im Sinne von Ayurveda-Yoga!

VATA-STÖRUNG

Programm-Beispiel Vata-Störung – Konstitution: Pitta

Vorhandene Störungen: Vata-Störungen: Gewichtsabnahme, verminderte Vitalität, schlechter Appetit, trockene Haut, Durchschlafstörung.
Ausgleich durch Sport: Im Sport sollen vor allem Kraft und Ausdauer mit niedriger Belastung trainiert werden. Auf intensive Regeneration und ausreichend Ruhe muss geachtet werden.
Ausgleich durch Ayurveda-Ernährung: konsequente Vata-Ernährung: warm, nahrhaft, süß, sauer, salzig.
Ausgleich durch Ayurveda-Yoga: Ayurveda-Yoga wird konsequent nach dem Vata-Programm geübt. Ausgleichende Atemübungen und eine Entspannung von 15 bis 20 Minuten komplettieren das Programm.
Eine der Hauptursachen für Vata-Störungen ist in Mitteleuropa der Stress. Die Folgen von Stress können ja wie schon bekannt Bluthochdruck, Arteriosklerose und Herzinfarkt sein. Das Vata-Ayurveda-Yogaprogramm (siehe Seite 87 f.), der Sonnengruß für Vata (siehe Seite 74 f.) und die entsprechende Atemübung aus dem Ayurveda-Yoga sind hervorragend geeignet, Stress abzubauen.
Üben nach Ayurveda-Yoga kann für Sie ein wichtiger Bestandteil Ihrer persönlichen Stressbewältigung werden. Ist das Gleichgewicht wiederhergestellt und sind die Störungen verschwunden, kann wieder nach dem Pitta-Programm und bei Bedarf auch nach den anderen Programmen geübt werden.

Bestimmung möglicher Störungen

PITTA-STÖRUNG
Programm-Beispiel Pitta-Störung – Konstitution: Vata-Pitta

Vorhandene Störungen: Pitta-Störungen: Aggressivität, Überehrgeiz, Perfektionismus, Schlafstörung mit Nachtschweiß, Bluthochdruck. In diesem Fall ist bereits als Folge der erhöhten Doshas eine manifeste Erkrankung aufgetreten.
Ausgleich durch Sport: Im Sport sollen Ausdauer, Kraft und Beweglichkeit ausgeglichen und ohne zu hohe Anstrengung trainiert werden (kein Sport- und Bewegungsstress!).
Ausgleich durch Ayurveda-Ernährung: Bis zum Ausgleich der Störungen und der Normalisierung des Blutdrucks ist auf eine gute Pitta-Ernährung zu achten: kühlend, süß, bitter, herb.
Ausgleich durch Ayurveda-Yoga-Übungen: Im Ayurveda-Yoga werden konsequent das Pitta-Programm, der Sonnengruß für Pitta und die kühlende oder ausgleichende Atemübung geübt.
Sollten Sie bei Stress zu Pitta-Störungen neigen, wählen Sie ebenso die Übungen aus dem Pitta-Programm, den Sonnengruß für Pitta und eine kühlende Atemübung.

KAPHA-STÖRUNG
Programm-Beispiel Kapha-Störung – Konstitution: Pitta-Kapha

Vorhandene Störungen: Kapha-Störungen: Erhebliche Gewichtszunahme, Abnahme der Leistungsfähigkeit, Trägheit (kommt nur langsam in Schwung) und Müdigkeit. Noch ist keine schwere Erkrankung aufgetreten. Es ist aber höchste Zeit, zu reagieren und den Zustand zu verbessern.
Ausgleich durch Sport: Bewegung und Sport sollen intensiv, aber gelenkschonend ausgeführt werden (z. B. Radfahren, Nordic Walking).
Ausgleich durch Ayurveda-Ernährung: Zum Ausgleich der Störung ist eine konsequente Kapha-Ernährung notwendig: warm-heiß, leicht, scharf, bitter, herb.
Ausgleich durch Ayurveda-Yoga: Ayurveda-Yoga wird konsequent und intensiv nach dem Kapha-Programm geübt. Der Stoffwechsel wird zusätzlich verbessert mit erhitzenden, anregenden Atemübungen. Die Entspannung soll nur kurz sein.

Haben Sie wesentliche Störungen gefunden, beginnen Sie bitte nicht selbstständig mit den Übungen. Wenden Sie sich an einen geeigneten Arzt und/oder Yogalehrer und üben Sie unter Anleitung!

pitta

DIE PRAXIS

3 *Ihr persönliches Programm*

Ihr persönliches Programm

3 ÜBEN IM EINKLANG MIT SICH SELBST

Personal Training

Ayurveda-Yoga eröffnet Ihnen ein komplettes Übungsprogramm für Ihre Konstitution. So können Sie die Bewegungsmöglichkeiten Ihres Körpers optimal ausschöpfen und in perfekter Harmonie mit sich trainieren.

Die Vorbereitung

Ayurveda-Yoga ist ein Werkzeug, das Sie zur Gesunderhaltung, Verbesserung Ihrer Energie, zur Stressbewältigung, zur Jungerhaltung und für Ihre körperliche und psychische Fitness nutzen können. Doch wie bei jedem Werkzeug gilt es, vor seinem Einsatz die »Bedienungsanleitung« zu kennen.
Daher sollten Sie einige grundsätzliche Richtlinien fürs Trainieren beachten, bevor Sie mit der Ayurveda-Yoga-Praxis beginnen. Details und exakte Anleitungen zu den einzelnen Trainingsschritten folgen dann im Übungsteil des Buches und der CD.

Tipps und Tricks fürs Training

Üben ohne Leistungsdruck: Üben Sie ohne Anspruch auf die perfekte Haltung. Denken Sie immer daran, dass selbst der Körper von Yogaprofis Zeit braucht, um sich einer Position harmonisch anzupassen – und bei manchen Übungen kann das sogar ohne Weiteres viele Jahre dauern!
Üben mit der Atmung: Konzentrieren Sie sich bei den Übungen auf den Atem. Er sagt Ihnen, in welcher Verfassung Sie sich befinden: Sind Körper und Geist entspannt, fließt der Atem gleichmäßig und ruhig. Der Atem ist ein hoch empfindlicher Belastungsmesser: Er warnt Sie, bevor Sie zu weit gehen. Wenn Sie auf seine Signale hören, können Sie sich nicht überfordern. Üben Sie konzentriert, das ist schließlich die Basis dafür, dass Sie alle Ayurveda-Yoga-Übungen optimal für sich nutzen können!
Das richtige Programm für Ihre Konstitution: Wenn Ihre Konstitution ausgeglichen ist, d. h., wenn keine Störungen bei Ihnen vorliegen, gibt es eine Art Grundprogramm, nach dem Sie immer trainieren können: das 3-Dosha-Programm (siehe Seite 64 ff.). Sie sind also nicht streng und ausschließlich an das Programm für Ihre Konstitution gebunden. Bei schweren oder komplexen Störungen jedoch gilt: Lassen Sie sich unbedingt von einem erfahren Yogalehrer und/oder Ayurveda-Spezialisten beraten, bevor Sie mit Ayurveda-Yoga beginnen!

> *Ayurveda-Yoga*
> **BASICS**
>
> **TRAINIEREN SIE** ohne übertriebenen Ehrgeiz und Leistungsdruck. Überlasten Sie Ihren Organismus bei den Körperübungen (Asanas) nicht: Gehen Sie immer nur bis an den Punkt der Anspannung oder Dehnung, den Sie ohne zu große Anstrengung (und insbesondere ohne Schmerz!) einige Atemzüge halten können.

Ihr persönliches Programm

Das Programm für Anfänger

Grundmuster singuläre Konstitution

Haben Sie eine eindeutig ausgeglichene Konstitution ohne oder mit nur geringen Störungen, dann können Sie mit dem 3-Dosha-Programm oder dem Programm für Ihren ganz persönlichen Typ üben.
Vata-Konstitution: 3-Dosha-Programm oder Vata-Programm.
Pitta-Konstitution: 3-Dosha-Programm oder Pitta-Programm.
Kapha-Konstitution: 3-Dosha-Programm oder Kapha-Programm.

Grundmuster gemischte Konstitution

Bei einer gemischten Konstitution ohne Störungen wechseln Sie je nach Anspruch und Körpergefühl zwischen den beiden Programmen für die beiden Typen, aus denen Ihre Konstitution zusammengesetzt ist. Die zweite Variante sind wieder die 3-Dosha-Übungen.
Vata-Pitta-Konstitution: 3-Dosha-Programm oder abwechselnd Pitta-Programm und Vata-Programm.
Pitta-Kapha-Konstitution: 3-Dosha-Programm oder abwechselnd Pitta-Programm und Kapha-Programm.
Vata-Kapha-Konstitution: 3-Dosha-Programm oder abwechselnd Vata-Programm und Kapha-Programm.

Grundmuster bei leichten Störungen

Haben Sie bei Ihrer Auswertung eine Störung festgestellt, dann halten Sie sich zunächst so lange streng an das Programm für den jeweiligen Typ der Störung, bis diese beseitigt und Ihre Konstitution wieder ausgeglichen ist. Danach gehen Sie zum Programm für Ihre individuelle Konstitution und zum 3-Dosha-Programm über, wie oben ausführlich beschrieben.
Vata-Störung: Erster Schritt: Vata-Programm. Zweiter Schritt: Programm für Ihre persönliche Konstitution.
Pitta-Störung: Erster Schritt: Pitta-Programm. Zweiter Schritt: Programm für Ihre persönliche Konstitution.
Kapha-Störung: Erster Schritt: Kapha-Programm. Zweiter Schritt: Programm für Ihre persönliche Konstitution.

Der Sonnengruß für Vata, Pitta oder Kapha kann entsprechend alleine oder zusätzlich zum jeweiligen Programm geübt werden.

Das Programm für Fortgeschrittene

Wenn Sie sich rundherum wohl fühlen, wenn Sie in einem ausgeglichenen Zustand sind, so können Sie je nach Tages- oder Jahreszeit oder je nachdem, was Sie gerade für sich brauchen, aus allen Programmen wählen. Wenn Sie erst einmal ein Gefühl für Ihren körperlichen und psychischen Zustand entwickelt haben, werden Sie bald Ihr Ayurveda-Yoga-Programm nach Ihrem momentanen Befinden üben können.

*Übung und Erfahrung erweitern Ihr persönliches Spektrum.
Ayurveda-Yoga ist kein starres System, sondern Üben im Fluss, entsprechend den jeweiligen Bedingungen und Bedürfnissen.*

Bei allen Übungen habe ich exakt darauf geachtet, dass die Asana-Praxis die Doshas harmonisiert und dabei Ihre persönliche Konstitution und auch Ihre Kondition berücksichtigt.

Übungsbeispiele für jede Befindlichkeit

Benötigen Sie **nach einem anstrengenden Tag** Ruhe, üben Sie das Vata-Programm.
Für einen energiegeladenen Start in den Tag wählen Sie für sich das Kapha-Programm oder das 3-Dosha-Programm.
Brauchen Sie im Frühjahr (z. B. bei Frühjahrsmüdigkeit) Energie, so lassen Sie sich entweder mit dem Kapha-Programm oder mit dem 3-Dosha-Programm im wahrsten Sinne des Wortes erwärmen.
Üben nach der Temperatur: Bei großer Hitze im Sommer können Sie es eher »kühl« angehen und nach dem Pitta-Programm (das wirkt kühlend) üben. Trainieren Sie entsprechend in der windigen Jahreszeit nach dem Vata-Programm (beruhigend) oder in der feuchtkalten Jahreszeit nach dem Kapha-Programm (wärmend).

Grundmuster für eine Tridosha-Konstitution
Bei der ausgeglichenen Vata-Pitta-Kapha-Konstitution, die sehr selten vorkommt, sind Sie völlig frei in Ihrer Auswahl und können nach Bedarf aus allen Programmen wählen.

Ayurveda-Yoga BASICS

KÖRPERÜBUNGEN NACH AYURVEDA-YOGA
- *Yoga-Asanas für die eigene Konstitution (Ayurveda-Yoga)*
- *Atemübungen für die eigene Konstitution*
- *Allgemeine Bewegung*
- *Sport für die eigene Konstitution*

Ihr persönliches Programm

3 STÄRKEN MAXIMIEREN, SCHWÄCHEN REDUZIEREN

Yoga gezielt einsetzen

Ayurveda-Yoga ist mehr als ein Sportprogramm: Sie können damit nicht nur Ihren Körper kräftigen und Ihren Geist entspannen, sondern auch gegen Störungen vorgehen – von Beschwerden bis zu Erkrankungen.

Ayurveda-Yoga zur Prophylaxe

Asanas: Mit Ayurveda-Yoga können Sie – neben der körperlichen Fitness und der geistigen Ausgeglichenheit – viel für Ihren Organismus tun: die Doshas harmonisieren sowie u. a. das Verdauungsfeuer (im Ayurveda: Agni) optimieren, den Stoffwechsel verbessern oder den Aufbau gesunder Gewebe (z. B. Muskelgewebe, Knochengewebe etc.) unterstützen. Daher können Sie die einzelnen Übungen entsprechend Ihrer Konstitution gezielt zur Gesundheitsvorsorge einsetzen.

Bewegung und Sport: Optimieren lassen sich die Ayurveda-Yoga-Übungen durch ein begleitendes Sportprogramm speziell für Ihren Typ. Prinzipiell ist dabei keine Bewegung bzw. keine Sportart verboten! Für jede Konstitution gibt es aber für die Gesundheit günstige und ungünstige Bewegungsformen. Diese stellen wir Ihnen im Folgenden vor – exakt auf Ihren Typ zugeschnitten und in Kombination mit Ihrem persönlichen Ayurveda-Yoga-Programm: ein unschlagbares Team!

Das Folgende gilt für gesunde Personen mit beliebiger Konstitution (Vata, Pitta, Kapha, Vata-Pitta, Vata-Kapha, Pitta-Kapha, Vata-Pitta-Kapha) ohne wesentliche Störungen der Doshas.

Asanas für den Vata-Typ

Für Menschen mit überwiegend Vata in der Konstitution sind alle Asanas geeignet, die Kraft, Ruhe und Ausdauer bringen. Es soll gleichmäßig, mit moderatem, aber anhaltendem Einsatz geübt werden. Körper und Geist bleiben trotz Anstrengung ruhig und entspannt.

In Ruhestellungen soll stillgehalten werden. Die kräftigen Muskeln werden genutzt. Abrupte Anspannung, plötzlicher oder maximaler Krafteinsatz, rasche Bewegungen sind ebenso wie maximale Dehnung zu vermeiden.

Die Atmung soll tief, ruhig und kräftig sein; die Einatmung wird eher betont. Der Geist verweilt ruhig und konzentriert im Hier und Jetzt. Auch der **Sonnengruß,** der zusätzlich die Ausdauer verbessert, ist sehr geeignet. Dieser sollte ruhig und kraftvoll ausgeführt werden.

Ayurveda-Yoga
B A S I C S

DAS AYURVEDA-YOGA-GESAMTPROGRAMM
sollte einer Mahlzeit ähneln – alle Nährstoffe, die der Körper benötigt, sollen darin enthalten sein. Basis dafür sind Asanas (Yoga- bzw. Körperübungen, und Pranayamas (Atemübungen). Das individuelle Programm enthält alle wichtigen Übungstypen, d. h. Asanas im Sitzen, Stehen, Liegen usw., sowie passende Atemübungen. Es ist sinnvoll, das Programm durch Sport und allgemeine Bewegung zu ergänzen.

Ihr persönliches Programm

Besonders geeignet, Vata zu beruhigen, sind prinzipiell alle Übungen im Liegen und statische Haltungen, die gleichzeitig den Körper erwärmen. Auf eine gute Entspannung zum Abschluss muss geachtet werden!

> **SPORT UND BEWEGUNG FÜR VATA**
>
> *Günstig sind beispielsweise Ausdauersportarten wie Radfahren, Laufen, Walking im niedrigen Belastungsbereich. Besonders geachtet werden muss auf ausreichende Kraft, den Erhalt der Beweglichkeit, ausführliche Regeneration und Entspannung. Gelenk-, Muskel- und Sehnenprobleme sind ansonsten bei Vata-Konstitution vorprogrammiert.*

Asanas für den Pitta-Typ

Menschen mit überwiegend Pitta in der Konstitution sind in der Auswahl der Asanas am wenigsten eingeschränkt. Gerade Menschen mit hohen Pitta-Anteilen in der Konstitution müssen aber auf einen Ausgleich von Kraft, Beweglichkeit, Regeneration und Entspannung achten. Ihre große Energie und ihr Ehrgeiz können ansonsten zu Gesundheitsschäden führen. Die Energie soll beim Üben nicht erhöht werden. Maximale Spannung und Anstrengung sind zu vermeiden. Es soll hingebungsvoll, konzentriert, kraftvoll in moderatem Tempo geübt werden.
In Ruhestellungen ist Stillhalten sinnvoll. Auch ein ruhig-dynamisch und kraftvoll ausgeführter Sonnengruß ist ideal. Der Körper soll auch in der Anspannung nicht zu stark erhitzt werden und entspannt bleiben.

> **SPORT UND BEWEGUNG FÜR PITTA**
>
> *Menschen mit überwiegend Pitta in der Konstitution sind bei der Auswahl der Bewegungsformen kaum eingeschränkt. Sie haben genügend Kraft und Energie, um auch Höchstleistungen zu erbringen. Viele Hochleistungssportler besitzen einen hohen Pitta-Anteil (evtl. neben Vata oder Kapha). Zu beachten ist aber, dass Bewegung bei großer Hitze Pitta stark erhöht und damit zu Gesundheitsproblemen führen kann.*

Asanas für den Kapha-Typ

Menschen mit überwiegend Kapha in der Konstitution sollen Asanas wählen, die Beweglichkeit, Wachheit und auch eine gewisse Leichtigkeit fördern, die Durchblutung von Muskeln und Gehirn verbessern, die Verdauung (insbesondere Agni, das Verdauungsfeuer) fördern sowie den Stoffwechsel optimieren. Gutes Aufwärmen ist wichtig. Es soll forsch, schnell und entschlossen geübt werden. Der Körper bleibt leicht und warm. Eine gute Anstrengung und viel Bewegung sind wichtig. Menschen mit hohem Kapha-Anteil sollen durchaus ins Schwitzen kommen! Längeres Stillhalten ist (nur) in anstrengenden Positionen sinnvoll. Besonders geeignet sind daher beispielsweise Standübungen, Gleichgewichtsübungen, Umkehrhaltungen oder auch ein mehrfach wiederholter schnell-dynamisch ausgeführter Sonnengruß.

Asanas bei gemischter Konstitution

> **SPORT UND BEWEGUNG FÜR KAPHA**
> *Die möglichen Bewegungsformen sind abhängig vom Körpergewicht eingeschränkt. Je nach Körpergewicht sind Walking, Radfahren, Bergwandern, Rudern etc. mit zeitweise intensiver Belastung, aber evtl. auch Laufen im niedrigen Belastungsbereich geeignet.*
> *Achtung: Im Leistungssport wählen Athleten mit Kapha-Konstitution meist Kraftsportarten wie Kugelstoßen, Gewichtheben, Sumo-Ringen usw. Durch die Ausübung oder für die Ausübung dieser Sportarten wird Kapha gesteigert, sodass sich häufig gesundheitliche Probleme einstellen. Aus gesundheitlicher Sicht sollten daher eher Anti-Kapha-Sportarten ausgeübt werden (siehe oben)!*

Bei gemischter Konstitution wird je nach Bedarf, Körpergefühl, Tageszeit, Jahreszeit etc. passend geübt, d. h., zwischen den Doshas, welche die Konstitution bestimmen, gewechselt. Beispiel: Bei Vata-Pitta-Konstitution sollten Sie vorwiegend nach dem Vata- oder Pitta-Programm üben.

Sport und Bewegung bei gemischter Konstitution

Das Gleiche wie für die Asanas gilt auch für den Sport nach Ihrer persönlichen Konstitution: Trainieren Sie ausgewogen nach den obigen Beispielen für die beiden Typen, aus denen Ihre Konstitution besteht. Beispiel: Haben Sie bei sich eine Vata-Pitta-Konstitution bestimmt, sollten Sie Sportarten sowohl aus dem Vata-Programm als auch aus dem Pitta-Programm wählen.

Ihr persönliches Programm

Ayurveda-Yoga zur Therapie

Ayurveda-Yoga ist nicht nur hervorragend geeignet zur Vorbeugung vor wichtigen Zivilisationskrankheiten. Bei Überwachung durch einen Arzt und/oder Ayurveda-Spezialisten kann Ayurveda-Yoga auch sehr effektiv in der Therapie von Erkrankungen eingesetzt werden. Insbesondere im Rahmen einer ganzheitlichen Therapie kann Ayurveda-Yoga ein wichtiger Bestandteil sein. Bei Störungen (Vikriti) Ihrer Konstitution, gesundheitlichen Beschwerden oder gar Erkrankungen müssen sowohl das Ayurveda-Yoga-Programm mit seinen Yoga- und Atemübungen als auch die begleitenden Bewegungs- bzw. Sportarten gut ausgewählt werden – immer entsprechend der Störung Ihrer persönlichen Konstitution. Nur so können Sie das Ziel eines therapeutischen Einsatzes von Ayurveda-Yoga erreichen, d. h. die Verbesserung des Gesundheitszustandes und das Vermeiden von Verschlechterungen. Die richtige Form der Bewegung bzw. Sport ist in jedem Fall essenzieller Bestandteil einer sinnvollen ganzheitlichen Therapie. Dazu kommen aber immer die passende Ernährung, der passende Tagesablauf, evtl. ergänzende ayurvedische Kräuter und Medikamente, evtl. Massagen, Reinigungstherapien etc.

Ayurveda-Yoga BASICS

AYURVEDA-YOGA ist im Rahmen einer ganzheitlichen Therapie unter anderem wirksam bei:
Stress-Symptomen
(Vata- oder Pitta-Störung)
Schlafstörungen
(Vata- oder Pitta-Störung)
Psychosomatischen Erkrankungen
(Vata- und/oder Pitta- und Kapha-Störung)
Verdauungsstörungen mit Obstipation
(Vata- oder Kapha-Störung)
Übergewicht (Adipositas)
(Kapha-Störung)
Bluthochdruck (Vata- oder Pitta-Störung)
Rückenschmerzen (Vata-Störung)
Chronischen Schmerzen (Vata-Störung)
Asthma bronchiale (Kapha-Störung)
Diabetes mellitus (Kapha-Störung)
Osteoporose (Vata-Störung)

Schwere Störungen

Bei schwer wiegenden gesundheitlichen Störungen empfehle ich Ihnen, unbedingt vor Übungsbeginn einen Arzt, am besten einen ayurvedisch versierten Arzt, zu konsultieren und anfangs unter Anleitung eines gut ausgebildeten Yogalehrers, der ausreichend ayurvedische Kenntnisse besitzt, zu üben.

Asanas bei Vata-Störung (Vata-Erhöhung)

Bei Vata-Erhöhung werden ruhige und kraftvolle Bewegungen bevorzugt. Bei schweren Vata-Störungen sollte dabei mit ruhigen Yoga-

Asanas begonnen werden. Hierzu zählen die meisten Übungen im Sitzen und im Liegen. Außerdem sind beruhigende Atemübungen und eine gute Entspannung notwendig.

Sport und Bewegung bei Vata-Störung (Vata-Erhöhung): Ruhige Bewegungen aus dem Bereich der Kampfkünste z. B. Tai-Chi sind empfehlenswert. Bei Verbesserung des Zustandes und bei geringeren Vata-Störungen sind auch weitere ruhige Bewegungsformen, wie Walking, Laufen, Radfahren oder Schwimmen im niedrigen Belastungsbereich, sinnvoll.

Asanas bei Pitta-Störung (Pitta-Erhöhung)

Bei Pitta-Erhöhung werden ruhige und nicht erhitzende Bewegungsformen bevorzugt. Bei schweren Pitta-Störungen sind dies einerseits ruhige Yoga-Asanas im Stehen, Sitzen und Liegen. Da hier Energie abgebaut werden muss, sind auch kraftvolle, lang gehaltene Standhaltungen wichtig. Der Körper soll beim Üben jedoch nicht erhitzt werden.
Sport und Bewegung bei Pitta-Störung (Pitta-Erhöhung):
Als Begleittherapie ist besonders Tai-Chi empfehlenswert. Außerdem ist auch ruhiges Laufen, Walken oder Radfahren sinnvoll.

Asanas bei Kapha-Störung (Kapha-Erhöhung)

Bei Kapha-Erhöhung sind stoffwechselanregende und erhitzende Bewegungsformen ideal. Je nach Körpergewicht kann die individuelle Auswahl jedoch manchmal schwer sein! Prinzipiell sind anregende und durchaus anstrengende Yoga-Asanas im Stehen und Sitzen sinnvoll. Diese sollen, wie oben für Gesunde beschrieben, aktiv und dynamisch ausgeführt werden.
Sport und Bewegung bei Kapha-Störung (Kapha-Erhöhung):
Ergänzt wird die Ayurveda-Yoga-Therapie durch anregende Atemübungen. Laufen, Walken, Radfahren etc. sind, wenn prinzipiell durchführbar, sinnvoll.

Ayurveda-Yoga BASICS

BEWEGUNG BEI GESUNDHEITSSTÖRUNGEN

Bei Störungen der Konstitution oder bei Krankheiten werden die Übungen entsprechend der Beschwerde und der Störung (Vikriti) der Doshas ausgewählt. Bitte beachten Sie, dass unter Umständen dabei die Anleitung durch einen in verschiedenen Yogarichtungen sehr gut ausgebildeten und medizinisch versierten Yogalehrer notwendig sein kann!

Ihr persönliches Programm

3

DIE ÜBUNGEN IM EINZELNEN

Ihr Praxis-Programm

Nun beginnt Ihr ganzheitliches Balancetraining! Sie lernen die richtigen Ayurveda-Yoga-Übungen für Ihren Typ kennen mit einfachen Trainingsschritten und Entspannung zwischendurch: Balsam für Körper und Geist!

Tipps und Tricks zum Training

Mit den Vorbereitungen für Ihr indivduelles Ayurveda-Yoga-Programm sind Sie jetzt durch. Sie haben Ihre Konstitution (siehe Seite 34 ff.) und eventuelle Störungen (siehe Seite 42 ff.) anhand der Fragebögen (und den jeweiligen Auswertungen dazu bestimmt.

Nun können Sie Ihr ganz persönliches Ayurveda-Yoga-Programm wählen – aus den folgenden Übungsreihen. Diese berücksichtigen Ihre persönliche Konstitution, Ihren individuellen Typ, Ihre derzeitigen Möglichkeiten, Ihre Fitness, Ihr Alter, Ihre Beweglichkeit und evtl. vorhandene Einschränkungen.

Mithilfe der ausführlichen Praxis-Anleitungen, den erklärenden Bildern und der beiliegenden CD können Sie die Asanas dann ganz einfach in die Praxis umsetzen. Viel Spaß und Erfolg dabei!

Ayurveda-Yoga BASICS

»**GESUNDE KÖRPER-ÜBUNGEN** *tragen zum symmetrischen Wachstum der Gliedmaßen und Muskeln bei. Sie verbessern die Verdauung und den Teint. Sie stellen die Energie wieder her, indem sie den Körper leicht, fest und kompakt machen; gleichzeitig schützen sie ihn vor Trägheit und schaffen Heiterkeit.«*
Shushruta Samhita (Grundlagentext des ayurvedischen Wissens)

Vorbereitung und Einstimmung

Die Zeit, die Sie für Ihr Ayurveda-Yoga aufbringen sollten, ist gering, das Praxis-Programm lässt sich daher auch leicht in einen stressigen Arbeitsalltag einbauen: Ideal sind Trainingseinheiten von 15 bis 20 Minuten täglich.

> Üben am Morgen
> bereichert bei jedem Menschen den Tag,
> Übungen am Nachmittag oder Abend
> lindern den Stress!

Wenn es Ihnen nicht möglich ist, diesen Zeitplan einzuhalten, sollten Sie zumindest versuchen, regelmäßig dreimal pro Woche zu üben. Vielleicht können Sie Ihr Übungspensum ja nach und nach steigern, z. B. eine Woche dreimal, die nächste Woche viermal und so weiter im Wechsel. Auf diese Weise können Sie Ihren Körper ganz langsam auf ein tägliches Training einstimmen.

Ihr persönliches Programm

- Planen Sie möglichst einen festen Zeitpunkt in Ihrem Tagesablauf für das Yogaprogramm ein! Es wird Sie zunächst sicherlich etwas Überwindung kosten, regelmäßig zu üben. Doch Sie werden bald dafür belohnt werden: Sie werden spüren, wie Ihre Energie wächst, und um wie viel entspannter und zufriedener Sie Ihren Alltag meistern.
- Ihre letzte Mahlzeit sollte rund zwei Stunden zurückliegen. Kurz vor dem Üben sollten Sie außerdem auch nicht zu viel trinken!
- Üben Sie an einem ruhigen, warmen, gut gelüfteten Ort, und lassen Sie sich nicht stören.
- Tragen Sie zum Üben bequeme Kleidung.
- Legen Sie eine rutschfeste Matte, eine Decke, ein kleines Kissen oder ein Handtuch für den Kopf und ein Sitzkissen bereit.

So üben Sie richtig!

Lesen Sie vor dem Üben die Anleitung zur Haltung oder zum Bewegungsablauf aufmerksam durch, und betrachten Sie die Bilder. Lassen Sie sich dann mithilfe der CD durch die gewünschte Übungseinheit führen. Die Üungen der CD sind im Buch mit folgendem Symbol gekennzeichnet (siehe Kasten). Sie finden auf der CD:

- Das 5-Minuten-Programm zum Ankommen in Körper, Geist und Seele.
- Das 15-Minuten-Programm für alle Konstitutionstypen – Grundlagenprogramm.
- Das 15-Minuten-Programm jeweils für Vata, Pitta und Kapha.
- Das 10-Minuten-Programm zur Entspannung.

Zu Beginn einer Übungseinheit ist es wichtig, dass die Aktivität des Gehirns beruhigt wird – der innere Abstand zu den gedanklichen Prozessen entscheidet, wie groß das Maß an Ruhe und Ausgeglichenheit ist. Anschließend wird der Körper in eine gelöste, ausgeglichene Lebendigkeit gebracht. Führen Sie die Übungen langsam und bewusst aus.

Auch wenn Sie wenig Zeit haben und nur ein kurzes Übungsprogramm üben können, beenden Sie das Programm immer mit einer (vielleicht auch kleinen) Entspannung. Die Sinne ziehen sich zurück, der Körper ruht sich aus, und Sie können so intensiver in sich hineinspüren

Die Übungen im Einzelnen

und zu Ihrer inneren Balance finden. In diesem Buch werden nicht die Wirkungen der einzelnen Übungen beschrieben, denn es kommt darauf an, die Energie und Wirkung einer gesamten Übungssequenz zu erleben. Lassen Sie sich nach jeder Übungseinheit etwas Zeit zum Nachspüren:
- Fühle ich mich belebt?
- Fühle ich mich ruhig und entspannt?
- Fühle ich mich kraftvoll?
- Wie und wo kann ich Atembewegung wahrnehmen?

Den Atem schulen

- Achten Sie beim Üben auf einen gleichmäßig fließenden Atem.
- Üblicherweise wird durch die Nase ein- und ausgeatmet.
- Ist Nasenatmung nicht möglich, atmen Sie durch den Mund.

Wann muss ich vorsichtig sein?

Es gibt Beschwerden, die Sie mit einem Arzt abklären sollten, bevor Sie Yoga üben:
- akute und chronische Rückenbeschwerden
- Fieber
- Entzündungen

Auch unmittelbar nach Operationen sollten Sie nur nach Rücksprache mit Ihrem Arzt üben!

63

Ihr persönliches Programm

3-DOSHA-PROGRAMM

Für jede Konstitution

Das 3-Dosha-Programm ist eine optimale Vorbereitung für die weiteren Ayurveda-Yoga-Trainingseinheiten. Mit diesen grundlegenden Übungen können Sie jedes andere Programm beginnen. Und das sind die Basic-Positionen des 3-Dosha-Programms, in dem alle drei Doshas angesprochen werden: Langsame Drehbewegungen im Kopf und im Brustkorb (Kapha), in der Körpermitte (Pitta), weich und bedächtig ausgeführte lockernde Bewegungen der Beine (Vata) bewirken Ruhe und Ausgeglichenheit, aber auch innere Lebendigkeit.

Der 3-Dosha-Weg zur inneren Balance

Die Bewegungen und Körperhaltungen sind so gestaltet, dass weder Trägheit (Tamas) noch Unruhe (Rajas) die Oberhand gewinnen – vielmehr werden die Kräfte in einem lebendigen Gleichgewicht (Sattva) gehalten. Der Übungsablauf ist im Hinblick auf den Ausgleich der Doshas und ihrer Elemente gewählt worden.

> Die Übungen des 3-Dosha-Programms lockern Ihren Körper, verbessern Ihre Konzentration auf sich selbst und harmonisieren Körper, Geist und Seele.

Das 3-Dosha-Programm kann gut für sich allein, d. h. nicht in Verbindung mit einem der anderen Ayurveda-Yoga-Programme, geübt werden. Entweder üben Sie morgens, um den Tag sanft zu beginnen. Oder Sie führen die Übungen vor dem Zu-Bett-Gehen aus, um Ihren Körper auszubalancieren – als Garant für guten und erholsamen Schlaf.

»Ankommen«
in Körper, Geist und Seele

Körperliche Vorgänge, Gefühle und der geistige Zustand hängen eng mit der Häufigkeit, der Tiefe und dem Rhythmus der Atmung zusammen. Mithilfe der ersten Übung, der Atembeobachtung und Atemschulung, wird Ihre Aufmerksamkeit nach innen gerichtet. Dies vermittelt Ihrem Körper die Botschaft, dass Sie sicher und geborgen sind und Entspannung angesagt ist. Dadurch lockern sich Ihre Muskeln, Ihr Blutdruck sinkt, Ihre Nerven beruhigen sich, Ihre Immunfunktion wird gestärkt und die Heilungskräfte Ihres Organismus werden gefördert. So fühlen Sie sich im Gleichgewicht.

Die Übungen im Einzelnen

Übung 1
- Legen Sie sich bequem auf den Rücken. (Wenn es für Sie bequemer ist, dann können Sie auch die Füße vor dem Gesäß aufstellen. Oder Sie legen sich ein flaches Kissen unter den Kopf.)
- Sie fühlen Ihren Körper entspannt und lenken die Aufmerksamkeit hin zu Ihrem Atem.
- Ohne Ihren Atem zu beeinflussen, fühlen Sie nun, wie Sie ein- und ausatmen.
- Während der Übung sollten Sie Ihre Atmung bewusst wahrnehmen und beobachten.
- Bei der Beobachtung Ihres Atems sollten Sie nach folgenden Fragen und Kriterien vorgehen:
- Wo spüren Sie eine Atembewegung?
- Atmen Sie eher tief oder flach? Langsam oder schnell?
- Ist die Einatmung gleich lang wie die Ausatmung? Oder eine der Atemphasen länger?
- Bemerken Sie nach der Ausatmung eine kleine Atempause?
- Versuchen Sie nicht, bewusst tief ein- und auszuatmen oder langsam zu atmen.
- Geben Sie aber einem Bedürfnis, tiefer zu atmen, ruhig nach.
- Nach einigen Minuten beenden Sie die Atemübung.
- Lenken Sie die Aufmerksamkeit nach außen zum Körper hin.
- Mit dieser Atemübung finden Sie viel leichter den richtigen Einstieg in jedes der folgenden Ayurveda-Yoga-Programme. Probieren Sie es aus!

Ihr persönliches Programm

Übungen zur Lockerung für Nacken- und Schultergürtel

Track 3

Übung 2
- Stellen Sie die Füße vor dem Gesäß gerade, hüftgelenkbreit ab, und achten Sie darauf, dass Ihr unterer Rücken während der Übung in Bodenkontakt bleibt. Fassen Sie die Unterarme – die Arme liegen auf dem Bauch.
- Einatmend bewegen Sie die gefassten Arme über den Kopf in Richtung Boden. Ausatmend führen Sie die Arme zurück in die Ausgangsposition.
- Üben Sie ca. 5 Wiederholungen im eigenen ruhigen Atemrhythmus.
- Einatmend heben Sie die gefassten Arme bis in Schulterhöhe an. Ausatmend senken Sie die Arme nach links, bis der Oberarm auf dem Boden liegt. Gleichzeitig drehen Sie den Kopf vorsichtig nach rechts.
- Einatmend zurück zur Grundstellung.
- Ausatmend wechseln Sie nun die Seite.
- Üben Sie jede Seite ca. 5-mal – ruhig und langsam.

Die Übungen im Einzelnen

»Überkreuz«
in die Bewegung

Übung 3
- In der Rückenlage strecken Sie die Arme nach hinten in den Raum und dehnen sich auch über die Fersen lang – dehnen Sie sich aus der Körpermitte heraus. Einatmend grätschen Sie die Beine und die Arme. Kommen Sie in die Ausgangshaltung, die so genannte Andreaskreuz-Haltung. Ausatmend bewegen Sie den linken Ellenbogen und das linke Knie zur Körpermitte hin – der Kopf bleibt mit langem Nacken am Boden liegen. Einatmend kommen Sie in die Ausgangsposition zurück. Ausatmend wechseln Sie die Seite.
- Üben Sie die beiden Seiten im Wechsel 10- bis 15-mal. Atmen Sie ruhig und langsam – entsprechend sind die Bewegungen ruhig und langsam.

»Bauchpresse«
zum Finden der Mitte

Übung 4
- Ziehen Sie ein Bein nach dem anderen zum Körper hin, die Oberschenkel liegen auf dem Bauch. Umfassen Sie die Knie mit den Händen, der Nacken ist lang, der Rücken liegt breit und flach vom Schultergürtel bis zum Becken auf dem Boden.
- Atmen Sie ein paar ruhige tiefe Atemzüge bewusst in den Bauchraum.

»Knie zum Kopf«
Verbindung herstellen

Übung 5
- Atmen Sie ein, und dehnen Sie sich dabei in der Rückenlage lang. Ihre Arme liegen dabei in Schulterbreite hinter dem Kopf, und Ihre Beine sind beckenbreit voneinander entfernt.
- Atmen Sie aus, und beugen Sie dabei das linke Knie. Umfassen Sie es mit beiden Händen, und bewegen Sie dann die Stirn und das Knie aufeinander zu.
- Einatmend legen Sie sich in die Ausgangsposition zurück.
- Ausatmend wechseln Sie die Seite. Das heißt: Atmen Sie aus, und beugen Sie dabei nun das rechte Knie. Umfassen Sie es mit beiden Händen, und bewegen Sie die Stirn und das Knie aufeinander zu.
- Einatmend legen Sie sich in die Ausgangsposition zurück.
- Üben Sie ruhig und langsam im eigenen Atemrhythmus jede Seite 5-mal.
- Spüren Sie die beiden Körperseiten nun im Gleichgewicht.

»Die Drehung« der Wirbelsäule
Track 5

Übung 6

- Stellen Sie die Füße hüftgelenkbreit und parallel vor dem Becken auf. Der Nacken ist dabei lang, der untere Rücken hat Bodenkontakt und die Arme sind seitlich etwas unter Schulterhöhe ausgebreitet.
- Atmen Sie ein.
- Ausatmend lassen Sie die Knie zur linken Seite sinken, drehen Sie evtl. den Kopf vorsichtig nach rechts.
- Einatmend kommen Sie zur Mitte zurück.
- Ausatmend wechseln Sie die Seite. Das heißt: Ausatmend lassen Sie die Knie nun zur rechten Seite sinken, drehen Sie evtl. den Kopf vorsichtig nach links.
- Einatmend kommen Sie zur Mitte zurück.
- Üben Sie jede Seite im eigenen Atemrhythmus 5-mal.
- Ziehen Sie danach die Beine zum Bauch heran und umfassen Sie diese mit Ihren Armen – spüren Sie Ihren tiefen Atem.

Ihr persönliches Programm

»Bauchmuskelübung«
und Reinigungsatem

Track 6

Bei dieser Übung ist die Konzentration im Bauchraum. Eingeatmet wird wenn möglich durch die Nase. Ausgeatmet durch den Mund, die Lippen gespitzt – als wollten Sie eine Kerze ausblasen.

Übung 7
- Sie liegen in der Rückenlage mit aufgestellten Füßen, die Arme liegen neben dem Körper. Achten Sie bitte wieder auf den guten Kontakt Ihres Rückens zum Boden hin, Ihr Nacken sollte lang gezogen sein.
- Atmen Sie aus.
- Einatmend führen Sie die Arme im großen Kreis am Boden hinter den Kopf.
- Ausatmend (durch die gespitzten Lippen) führen Sie die Arme durch die Luft in Richtung Knie und heben dabei den Kopf und den Brustkorb mit an. Das Kinn sollte dabei dicht an der Kehle liegen. Die Bauchdecke zieht sich zurück in Richtung Wirbelsäule.
- Einatmend legen Sie sich entspannt in die Ausgangshaltung zurück.
- Wiederholen Sie die Übung 3- bis 6-mal.

Die Übungen im Einzelnen

»Die Rolle«
um den Rücken zu beleben

Übung 8
- Nehmen Sie die Knie zum Körper heran, und fassen Sie die Kniekehlen.
- Heben Sie den Kopf, und mit etwas Schwung rollen Sie mehrmals vom Schultergürtel bis zum Becken vor und zurück.
- Kommen Sie dann mit einem Schwung oder über die Seite hoch zum Sitzen.
- Bleiben Sie ein paar Atemzüge sitzen, und spüren Sie die Wirkung dieser Übungsreihe.

»Berghaltung«
zum Hoch-hinaus-Wachsen

Übung 9
- Kommen Sie anschließend in den aufrechten Stand. Falls Sie weitermachen möchten: Die genaue Beschreibung der Berghaltung finden Sie im folgenden Kapitel unter »Der Sonnengruß« (siehe Seite 75).

Der erste Schritt auf Ihrem Ayurveda-Yoga-Weg ist getan! Wie fühlen Sie sich? Entspannt und ausgeruht? Gratulation, dann haben Sie Ihr Ziel erreicht.
Wenn Sie wenig Zeit haben, können Sie Ihr Ayurveda-Yoga-Tagespensum mit dem 3-Dosha-Programm nun beenden und die Ruhe und innere Balance, die Sie damit gewonnen haben, mit in den Tag nehmen.
Sollten Sie noch Lust und Zeit haben, können Sie nach dieser Vorbereitung weitermachen: entweder mit dem Ihrer Konstitution entsprechenden Sonnengruß (siehe Seite 74 ff.) oder auch mit dem für Ihren Typ passenden Dosha-Programm (siehe Seite 86 ff.).

DER SONNENGRUSS

Varianten für jede Konstitution

Der Sonnengruß vermittelt Kraft und gleichzeitig innere Ruhe. Durch den Wechsel von Anspannung und Entspannung lösen sich innere Verspannungen. Jede Bewegung bzw. jede Haltung im Sonnengruß gleicht die vorhergehende aus. Jeder Teil des Körpers wird aktiviert. Der Brust- und Bauchraum wird abwechselnd gedehnt und gepresst, so dass auch die Atmung vertieft wird. Körper, Geist und Seele werden harmoniSiert. Im Gehirn entsteht ein so genannter Alpha-Rhythmus als messbares Zeichen dieser kompletten Balance.

Aus dem Ursprungsland des Sonnengrußes

Der Sonnengruß ist ein sehr bekannter Bewegungsablauf im Hatha-Yoga und hat eine sehr weit zurückreichende Tradition. Lange Zeit wurde das Wissen über den Sonnengruß von der Familie der Rajas von Audh bewahrt und erst im 19. Jahrhundert von einem Engländer veröffentlicht.

Übersetzt bedeutet »surya« Sonne und »namaskar« Begrüßung. Und so wird der Sonnengruß traditionell auch bei Sonnenaufgang geübt, draußen in der frischen Luft und das Gesicht der aufgehenden Sonne zugewendet. Denn die Sonne als Licht- und Wärmespenderin gilt in den meisten Kulturen als Hauptlebensquelle. Bei einem Besuch frühmorgens am Ganges kann man viele Menschen sehen, die bei Sonnenaufgang den Tag mit dem Sonnengruß beginnen. Ebenso haben bei uns die meisten

VATA-Bewertung

- Achten Sie darauf, dass Ihre Bewegungen langsam und fließend sind.
- Vermeiden Sie unbedingt schnelle Bewegungen.
- Verweilen Sie statisch ruhig atmend in Ruhehaltungen, etwa 1 bis 3 Atemzüge

Pitta-Bewertung

- Üben Sie kraftvoll und ruhig, fließend und ausgleichend.
- Verweilen Sie nicht statisch in anstrengenden Haltungen.
- Ihr Körper sollte kühl bleiben.

Yogaschulen den Sonnengruß als einen sehr wirkungsvollen Bewegungsablauf als festen Bestandteil in ihr Programm aufgenommen.

Die verschiedenen Varianten

Es gibt viele verschiedene Varianten des Sonnengrußes. Er besteht in der Regel aus zwölf Haltungen, Vor- und Rückbeugen im Wechsel, die aneinander gereiht mit entsprechender Atmung geübt werden.
Diese Gruppe von dynamischen Übungen ist sehr wirkungsvoll. Der gesamte Körper wird trainiert, alle Systeme Ihres Organismus werden angeregt und ins Gleichgewicht gebracht. Ihr Körper wird geschmeidiger und gleichzeitig wird etwas für Ihre Fitness getan. Form und Rhythmus des Bewegungsablaufes wecken alle Ihre Lebensgeister!
Die zwölf Haltungen des Sonnengrußes werden innerhalb einer Übungsrunde zweimal ausgeführt. Das ergibt einen in sich geschlossenen Kreis. Individuell können Sie jedoch auch zwei bis zwölf Runden oder noch mehr davon üben – so viel Sie möchten.
Überprüfen Sie noch einmal, welche Konstitution Sie haben. Üben Sie den Sonnengruß dann entsprechend Ihrem Typ.

Wichtig ist, dass Sie Ihren eigenen Rhythmus finden. Sie können den Sonnengruß üben, indem Sie in den einzelnen Haltungen verweilen und den Atem fließen lassen; oder Sie verbinden jede Bewegung mit einem Atemzug und gehen fließend von einer Haltung in die nächste. Üben Sie bewusst, spüren Sie bei jeder Bewegung den Körper, Ihre Gefühle und Ihren Atem!

Vata

Pitta

Kapha

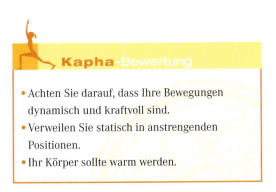

Kapha-Bewertung

- Achten Sie darauf, dass Ihre Bewegungen dynamisch und kraftvoll sind.
- Verweilen Sie statisch in anstrengenden Positionen.
- Ihr Körper sollte warm werden.

Ihr persönliches Programm

Der Sonnengruß für Vata

Vata ist die bewegende Kraft. Vata hängt mit Prana, der Lebenskraft, zusammen. Deshalb neigt der Vata-Typ zu Wechselhaftigkeit und sollte dem entgegenwirken: Und zwar indem Sie regelmäßig zur gleichen Zeit üben. Trainieren Sie am besten am Morgen, denn am Spätnachmittag lässt die Energie bei dieser Konstitution oft nach.

①

Basics zum Training

Der Sonnengruß für Vata ist eine besonders rückenschonende Variante. Daher ist er auch für jedes andere Dosha geeignet, sollten Sie Probleme mit dem Rücken haben.

Üben Sie den Sonnengruß als sanfte langsame Übungsfolge mit fließendem Atem, und verweilen Sie langsam und tief atmend 1 bis 5 Atemzüge in den folgenden Haltungen:
- Übung 1 »Berghaltung«,
- Übung 3 »Vorbeuge«,
- Übung 4 »Ausfallschritt«,
- Übung 5 »Nach unten blickende Hundehaltung«,
- Übung 7 »Kindhaltung«.

Stillhalten in erdenden, beruhigenden Haltungen und sich dabei des Körpers bewusst sein ist wichtig für Vata-Menschen. Üben Sie mit Freude – Körper und Geist sollten nicht belastet werden. Ein Sonnengruß-Zyklus besteht aus zwei Folgen. Im ersten Durchgang wird das rechte Bein in der Ausfallposition zurückgesetzt, im zweiten Durchgang dann das linke. Beginnen Sie mit dem Üben von nur einem Zyklus. Mit regelmäßigem Üben können Sie sich dann langsam steigern – bis zu zwölf Zyklen und mehr!

Der Sonnengruß für Vata

Übung 1: *Berghaltung (Tadasana)*
- Foto 1 siehe Seite 74: Stehen Sie mit parallel aufgestellten Füßen hüftgelenkbreit, und spüren Sie Ihr Körpergewicht gleichmäßig auf beiden Füßen. Verbinden Sie sich gut mit dem Boden. Die Beinmuskeln sind aktiv.
- Richten Sie Ihr Becken auf, indem Sie den Beckenboden leicht anspannen und das Steißbein nach unten verlängern. Vom Becken aus wachsen Sie Wirbel um Wirbel nach oben.
- Heben Sie den Brustkorb, der Nacken ist lang, und streben Sie über den Scheitelpunkt in den Raum über sich. Das Gesicht ist entspannt. Die Arme und Hände sind entspannt. Sie fühlen sich in einer Idealspannung, sicher und stabil.
- Mit dieser Position beginnen und enden alle Haltungen (Asanas) im Stehen.
- Legen Sie nun die Handflächen vor dem Herzraum aneinander in die Grußhaltung, im Ayurveda-Yoga Namaste genannt.

Übung 2: *Brustkorb weiten in der Rückbeuge*
- Einatmend führen Sie die Arme im großen Kreis seitlich über den Kopf nach oben. Das Becken bleibt stabil aufgerichtet – keine Rückbeuge im unteren Rücken!
- Gleichzeitig heben Sie das Brustbein und kommen in eine leichte Rückbeuge aus der Brustwirbelsäule heraus.

Übung 3: *Vorbeuge (Uttanasana)*
- Ausatmend beugen Sie die Knie, schieben das Becken nach hinten oben, führen die Arme über die Seiten nach unten und kommen mit geradem Rücken in die Vorbeuge.
- Stellen Sie die Fingerkuppen oder flachen Hände neben den Füßen auf.
- Der Kopf hängt entspannt.
- Dehnen Sie die Beinrückseiten, so weit es geht.

Ihr persönliches Programm

Übung 4: *Ausfallschritt*
- Einatmend stellen Sie das rechte Bein einen weiten Schritt zurück. Das Knie kommt zum Boden, die Zehen werden aufgestellt, das linke Knie steht über dem Fußgelenk. Heben Sie den Brustkorb, während Sie das Becken sinken lassen (Beckenboden anspannen, um den unteren Rücken zu schützen).

Übung 5: *Nach unten blickende Hundehaltung*
- Ausatmend drücken Sie fest mit den Händen gegen den Boden. Schieben Sie das Becken nach hinten oben, und setzen Sie den linken Fuß nach hinten hüftgelenksbreit neben den rechten. Bleiben Sie auf den Zehenballen, die Knie sind leicht gebeugt, und strecken Sie die Arme und den Rücken gut. Lassen Sie langsam die Fersen Richtung Boden sinken. Der Kopf befindet sich zwischen den Oberarmen.

Der Sonnengruß für Vata auf einen Blick

Ausgangs- und Endposition

1+13

2+12

3+11

Der Sonnengruß für Vata

Übung 6: *Vierfüßlerstand (Katzenstellung)*
- Einatmend kommen Sie in diese Haltung: Die Schultergelenke sind über den Handgelenken, die Knie unter den Hüftgelenken. Der Rücken ist gerade.

Übung 7: *Kindhaltung*
- Ausatmend lassen Sie das Becken zurück auf die Fersen sinken. Bauch- und Brustraum liegen auf den Oberschenkeln. Der Kopf sinkt zum Boden.

Entspannen Sie nach dem Sonnengruß einige Minuten in der Rückenlage, bevor Sie Ihr Dosha-Programm üben. Wenn Sie Ihr Programm beenden, wählen Sie die zu Ihrer Konstitution passende Entspannungszeit.

4+10

5+9

6+8

7

Der Sonnengruß für Pitta

Pitta ist die feurige, umwandelnde Kraft – diese Konstitution steht für die wichtigste Wärme erzeugende Kraft im Körper. Die Energie ist gebündelt und durchdringend. Entsprechend sollen Pitta-Menschen den Sonnengruß langsam und fließend üben. Halten Sie daher eine Übung nur so lange, wie es ohne Anstrengung und Hitzegefühl möglich ist.

❶

❷

Basics zum Training

Der Sonnengruß für Pitta kann morgens oder abends geübt werden, Sie sollten jedoch die Zeit zwischen 10 und 14 Uhr meiden. Üben Sie ohne Ehrgeiz, und seien Sie sanft zu sich selbst. In den Übungshaltungen 3 »Vorbeuge (Uttanasana)« und 4 »Ausfallschritt« ist es möglich, 1 bis 5 Atemzüge zu verweilen.

Ein kompletter Zyklus des Sonnengrußes besteht aus zwei Folgen. Im ersten Durchgang wird das rechte Bein in der Ausfallposition zurückgesetzt, im zweiten Durchgang dann das linke Bein. Beginnen Sie zunächst mit dem Üben von nur einem Zyklus des Sonnengrußes. Mit regelmäßigem Training können Sie sich dann langsam steigern – bis zu zwölf Zyklen und mehr!

Der Sonnengruß für Pitta

Übung 1: *Berghaltung (Tadasana)*
- Siehe Seite 75, Übung 1 aus dem Kapitel »Der Sonnengruß für Vata«.

Übung 2: *Brustkorb weiten in der Rückbeuge*
- Siehe Seite 75, Übung 2 aus dem Kapitel »Der Sonnengruß für Vata«.

Übung 3: *Vorbeuge (Uttanasana)*
- Siehe Seite 75, Übung 3 aus dem Kapitel »Der Sonnengruß für Vata«.

Übung 4: *Ausfallschritt*
- Einatmend stellen Sie im ersten Durchgang das rechte Bein (im zweiten Durchgang das linke Bein) einen weiten Schritt zurück.
- Das Knie kommt nicht zum Boden, die Zehen werden aufgestellt, das linke Knie steht über dem Fußgelenk.
- Strecken Sie im ersten Durchgang das rechte Bein (im zweiten Durchgang das linke Bein) gut über die Ferse nach hinten.
- Heben Sie den Brustkorb, während Sie das Becken sinken lassen (Beckenboden anspannen um den unteren Rücken zu schützen).

Übung 5: *Nach unten blickende Hundehaltung*
- Siehe Seite 76, Übung 5 aus dem Kapitel »Der Sonnengruß für Vata«.

Ihr persönliches Programm

Übung 6: *Bretthaltung (Caturanga dandasana)*
- Einatmend lassen Sie das Becken sinken, bis Kopf und Körper eine gerade Linie bilden. Spannen Sie dazu den Beckenboden an, damit das Becken nicht durchhängt. Die Arme sind gestreckt.

Der Sonnengruß für Pitta auf einen Blick

Ausgangs- und Endposition

Der Sonnengruß für Pitta

Übung 7: *Zwischenhaltung*
- Ausatmend die Knie und die Brust sinken lassen – das Gesäß bleibt oben. Gleiter Sie weiter in die Bauchlage. Stellen Sie die Hände dicht am Körper in Brusthöhe auf.

Übung 8: *Kobrahaltung (Bhujangasana)*
- Einatmend heben Sie den Kopf mit langem Nacken und den Brustkorb an. Bewegen Sie die Schultern weg von den Ohren. Gleichzeitig spannen Sie das Gesäß an, um den unteren Rücken zu schützen. Richten Sie sich aus der Kraft des oberen Rückens auf. Hände und Arme sind nicht belastet.
- Die Kobrahaltung verlassen Sie, indem Sie das Becken wieder nach hinten oben in die Hundehaltung (Übung 5) anheben. Anfänger oder rückenschonend Übende stützen sich zuerst auf Hände und Knie und kommen so in die Haltung.

Entspannen Sie nach dem Sonnengruß einige Minuten in der Rückenlage, bevor Sie Ihr Dosha-Programm üben. Wenn Sie Ihr Programm beenden, wählen Sie die zu Ihrer Konstitution passende Entspannungszeit.

Ihr persönliches Programm

Der Sonnengruß für Kapha

Die Kraft von Kapha hemmt die Bewegung. Entsprechend sind Kapha-Menschen eher wenig aktiv und neigen zu Übergewicht. Es fällt ihnen oft schwer, überhaupt mit dem Üben anzufangen. Lassen Sie es daher ruhig angehen: Beginnen Sie langsam, bauen Sie nach und nach Kraft auf, und steigern Sie sich immer nur entsprechend Ihren körperlichen Möglichkeiten, ohne sich zu überlasten.

Basics zum Training

Kapha ist die erhaltende, stabilisierende Kraft, die aufbaut, zusammenhält und bewahren will.

Die beste Übungszeit ist der frühe Morgen, es ist jedoch auch möglich, abends zu üben. Es darf dynamisch trainiert werden. Halten Sie die anstrengenden Übungspositionen – am Anfang nur Übung 5 und Übung 7, später auch Übung 4 und Übung 6 – einige Atemzüge lang statisch. Überfordern Sie sich nicht – beginnen Sie langsam – üben Sie diszipliniert regelmäßig. Sie werden mit Freude feststellen, dass Sie kraftvoller werden. Ein Zyklus Sonnengruß besteht aus zwei Folgen. Im ersten Durchgang wird das rechte Bein in der Heldenhaltung zurückgesetzt, im zweiten Durchgang dann das linke. Beginnen Sie zunächst mit dem Üben von nur einem Zyklus des Sonnengrußes. Mit regelmäßigem Training können Sie sich dann langsam steigern – bis zu zwölf Zyklen und mehr!

Übung 1: *Berghaltung (Tadasana)*
• Siehe Seite 75, Übung 1 aus dem Kapitel »Der Sonnengruß für Vata«.

①

Der Sonnengruß für Kapha

Übung 2: *Brustkorb weiten in der Rückbeuge*
- Siehe Seite 75, Übung 2 aus dem Kapitel »Der Sonnengruß für Vata«.

Übung 3: *Vorbeuge (Uttanasana)*
- Siehe Seite 75, Übung 3 aus dem Kapitel »Der Sonnengruß für Vata«.

Übung 4: *Heldenhaltung (Virabhadrasana 1)*
- Einatmend stellen Sie im ersten Durchgang das rechte Bein (im zweiten Durchgang das linke Bein) einen weiten Schritt zurück.
- Das Knie kommt nicht zum Boden, die Zehen werden aufgestellt, das linke Knie steht über dem Fußgelenk. Strecken Sie das rechte Bein gut über die Ferse nach hinten.
- Heben Sie den Brustkorb, während Sie das Becken sinken lassen (Beckenboden anspannen, um den unteren Rücken zu schützen).
- Führen Sie die Arme seitlich über den Kopf, die Schultern sinken lassen.

Ihr persönliches Programm

Übung 5: *Nach unten blickende Hundehaltung*
- Ausatmend drücken Sie fest mit den Händen gegen den Boden. Schieben Sie das Becken nach hinten oben, und setzen Sie den linken Fuß nach hinten hüftgelenksbreit neben den rechten.

Bleiben Sie auf den Zehenballen, die Knie sind leicht gebeugt, und strecken Sie die Arme und den Rücken gut. Lassen Sie langsam die Fersen Richtung Boden sinken. Der Kopf befindet sich zwischen den Oberarmen.

Der Sonnengruß für Kapha auf einen Blick

Ausgangs- und Endposition

1+12

2+11

3+10

Der Sonnengruß für Kapha

Übung 6: *Bretthaltung (Caturanga dandasana)*
- Einatmend lassen Sie das Becken sinken, bis Kopf und Körper eine gerade Linie bilden. Dazu spannen Sie den Beckenboden an, damit das Becken nicht durchhängt. Die Arme sind gestreckt.
- Ausatmend lassen Sie den Körper zum Boden sinken.

Übung 7: *Kobrahaltung (Bhujangasana)*
- Einatmend heben Sie den Kopf mit langem Nacken und den Brustkorb an. Bewegen Sie die Schultern weg von den Ohren. Gleichzeitig spannen Sie das Gesäß an, um den unteren Rücken zu schützen. Richten Sie sich aus der Kraft des oberen Rückens auf. Hände und Arme sind nicht belastet.
- Die Kobrahaltung verlassen Sie, indem Sie das Becken nach hinten oben in die Hundehaltung anheben. Anfänger oder rückenschonend Übende stützen sich zuerst auf Hände und Knie und kommen so in die Haltung.

Entspannen Sie nach dem Sonnengruß einige Minuten in der Rückenlage, bevor Sie Ihr Dosha-Programm üben. Wenn Sie Ihr Programm beenden, wählen Sie die zu Ihrer Konstitution passende Entspannungszeit.

4+9

5+8

6

7

DAS VATA-PROGRAMM

Übungen zur Vata-Harmonisierung

Der Vata-Typ liebt Sport und Bewegung, er neigt zu schnellen forschen Bewegungen. Menschen mit Vata-Konstitution sind körperlich beweglich und geistig aktiv und sie machen gerne öfters etwas Neues. Das Stillhalten – sei es geistig oder körperlich – fällt oft schwer.

Der Vata-Weg zur inneren Balance

Sie haben anhand des Konstitutions-Fragebogens (s. 34 ff.) festgestellt, dass Sie ein singulärer oder gemischter Vata-Typ sind. Dann ist dieses Programm genau der richtige Weg zur inneren Balance für Sie!
Haben Sie eine singuläre Konstitution, üben Sie hauptsächlich nach dem Vata-Programm, haben Sie eine gemischte, dann üben Sie dieses Programm im Wechsel nach dem Programm Ihres anderen Doshas – oder trainieren Sie ganz einfach nach dem 3-Dosha-Programm (s. S. 64 ff.). Falls Sie noch einmal überprüfen möchten, auf welche Weise nun genau die Wahl des richtigen Programms nach der Konstitutionsbestimmung für Sie aussieht, lesen Sie im Kapitel »Das Programm für Anfänger« (s. S. 52) oder »Das Programm für Fortgeschrittene« (s. S. 53) nach.

»Freue dich über deine
inneren Kräfte,
denn sie sind es, die Ganzheit
in dir erschaffen.«
Hippokrates
(griechischer Arzt, 400 v. Chr.)

Das Training für Ihren Typ

Um Vata zu harmonisieren, müssen vor allem Ihre innere und körperliche Kraft, Stabilität und Ausdauer aufgebaut werden. Da der Vata-Typ zu Unruhe neigt, braucht er Disziplin, um in einigen Yogahaltungen länger zu verweilen. Geeignet sind auch langsame Bewegungen, die mit dem Atem koordiniert werden.
Ihr Geist sollte bei den Übungen auf die Qualität des Atems konzentriert sein. Einzelne Yogahaltungen (Asanas) im Stehen, Sitzen, Vorbeugen, Drehungen sollten Sie entspannt lange genug halten, aber ohne starke Anstrengung. Atemübungen mit verlängerter Ausatmung sind ideal für Vata.
Jede Übungseinheit wird mit einer Entspannungsübung (s. S. 123) von 20 bis 30 Minuten beendet. Idealer Abschluss für Ihr komplettes Ayurveda-Yoga-Programm ist die Wechselatmung (s. S. 122).
Gerade die kraftvollen und erdenden Übungen bedeuten für den Vata-Typ eine Herausforderung – sie sind aber sehr wichtig.

Das Vata-Programm

Die Einstimmung: Atem-Konzentrationsübung

Track 8

In dieser Übung geht es in erster Linie um das so genannte Sonnengeflecht. Es befindet sich in der Körpermitte, oberhalb des Bauchnabels. Dort wird das Kraftzentrum des menschlichen Körpers lokalisiert. Besitzt es genügend Energie, ist der Mensch widerstandsfähig und gesund. Mit Ayurveda-Yoga zeigen wir Ihnen, wie Sie für viel Energie im Bereich des Sonnengeflechts sorgen.
Wählen Sie eine bequeme Haltung. Es kann die Rückenlage sein, oder Sie kommen in eine Ihnen angenehme Sitzhaltung, evtl. auch auf einem Stuhl.

»Atem konzentrieren«
um innere Ruhe und Kraft zu stärken

Übung 1
- Sie sitzen mit aufgerichteter Wirbelsäule – Gesicht, Nacken und Schultergürtel sind entspannt. Bauchraum und Brustraum sind frei und weit. Sie atmen ruhig und gleichmäßig durch die Nase ein und aus.
- Legen Sie die Hände entspannt auf die Stelle oberhalb Ihres Bauchnabels.
- Bleiben Sie mit der Konzentration im Bauchraum beim Kraftzentrum.
- Laden Sie mithilfe folgender Atemtechnik das Sonnengeflecht mit Lebensenergie und Lebensfreude auf:

Einatmend nehmen Sie bewusst mit dem Sauerstoff Kraft und Energie auf.
Ausatmend lenken Sie diese Energie von den Lungen durch die Arme, Hände und Finger zum Sonnengeflecht hin.
- Diesen Zyklus wiederholen Sie 15- bis 20-mal.
- Versuchen Sie anschließend, der Wirkung dieser Übung bewusst nachzuspüren.
- Lösen Sie danach die Sitzhaltung auf, und entspannen Sie Ihre Beine.

❶

VATA-Bewertung

VATA-BERUHIGUNG
- *Bewegung:* kraftvoll, zielgerichtet, fließend üben. In entspannenden und stabilisierenden Positionen länger verweilen.
- *Atmung:* ruhig, tief und gleichmäßig.
- *Geist:* ruhig, zentriert, konzentriert und freudig auf die Übungen ausgerichtet.
- *Bewegungsabläufe:* ruhig, fließend, auch statisch üben, keine abrupten Bewegungen. Je nach Kraft 1- bis 3-mal wiederholen.

Ihr persönliches Programm

Die Bewegungsrichtungen der Wirbelsäule

Üben Sie diese Übungsreihe, indem Sie im ersten Durchgang in jeder Haltung 1 bis 3 Atemzüge verweilen und die jeweilige Stellung bewusst wahrnehmen. Lassen Sie Ihren Atem ruhig und gleichmäßig fließen. Wenn Ihnen die einzelnen Übungshaltungen geläufig sind, können Sie mit jedem Atemzug fließend von einer Stellung in die andere gehen. Wiederholen Sie den Übungsablauf mindestens zweimal. Beim zweiten Mal beginnen Sie bei Übung 3 »Seitendehnung« mit der Dehnung der linken Körperseite, die Drehung geht zuerst nach rechts.

Übung 1: *Berghaltung (Tadasana)*
- Stehen Sie mit parallel aufgestellten Füßen hüftgelenkbreit, und spüren Sie Ihr Körpergewicht gleichmäßig auf beiden Füßen. Verbinden Sie sich gut mit dem Boden. Die Beinmuskeln sind aktiv.

- Richten Sie Ihr Becken auf, indem Sie den Beckenboden leicht anspannen und das Steißbein nach unten verlängern. Vom Becken aus wachsen Sie Wirbel um Wirbel nach oben.
- Heben Sie den Brustkorb, der Nacken ist lang, und streben Sie über den Scheitelpunkt in den Raum über sich. Das Gesicht ist entspannt. Die Arme und Hände sind entspannt. Sie fühlen sich in einer Idealspannung, sicher und stabil.

Übung 2: *Berghaltung mit erhobenen Armen*
- Einatmend führen Sie die Arme über vorn nach oben.
- Der untere Rücken bleibt lang und das Becken aufgerichtet. Dabei weiten Sie sich im Brustraum.

Das Vata-Programm

Übung 3: *Seitendehnung: rechts und links*
- Ausatmend kommen Sie in die Seitendehnung, indem Sie die linke Hand an die linke Hüfte legen und sich nach links beugen. Bleiben Sie mit beiden Beinen am Boden stehen, während Sie die rechte Seite dehnen. Einatmend gehen Sie in die Berghaltung mit erhobenen Armen.
- Ausatmend üben Sie zur anderen Seite: Seitendehnung nach rechts, linke Seite dehnen.
- Einatmend gehen Sie in die Berghaltung mit erhobenen Armen.

Übung 4: *Vorbeuge*
- Ausatmend beugen Sie leicht die Knie, führen Sie die Arme über die Seiten nach unten und kommen aus den Hüftgelenken heraus mit geradem Rücken in die Vorbeuge. Stellen Sie die Fingerkuppen auf, dabei dehnen Sie die Beinrückseiten so weit wie möglich. Die Wirbelsäule ist vom Steißbein bis zum Hinterkopf lang gedehnt.

Übung 5: *Drehung: rechts und links*
- Einatmend drücken Sie mit den Fingerkuppen der rechten Hand zum Boden und drehen sich in der Brustwirbelsäule nach links. Führen Sie den linken Arm gestreckt nach oben, der Blick folgt. Stehen Sie fest auf beiden Beinen.

Ihr persönliches Programm

Übung 6: *Vorbeuge und Drehung*
- Ausatmend kommen Sie in die Vorbeuge (Übung 4). Einatmend üben Sie die Drehung nach rechts.
- Ausatmend kommen Sie in die Vorbeuge. Die Füße stehen hüftgelenkbreit, parallel nebeneinander.

Übung 7: *Variante der Stuhlhaltung*
- Einatmend beugen Sie die Knie und schieben das Gesäß weit nach hinten unten – so als wollten Sie sich auf einen Stuhl setzen. Der Bauch berührt die Oberschenkel, diese sind parallel zum Boden. Heben Sie das Brustbein an, und breiten Sie die Arme seitlich aus.

Übung 8: *Hocke*
- Ausatmend gehen Sie in die Hocke, die Füße und Beine bleiben parallel. Entspannen Sie die Wirbelsäule vom Steißbein bis zum Scheitelpunkt.

Übung 9: *Stand mit erhobenen Armen und Berghaltung*
- Einatmend heben Sie den Kopf, den Rumpf und die Arme. Richten Sie sich mithilfe der Kraft aus den Beinen auf in den Stand mit erhobenen Armen. Spannen Sie den Beckenboden und das Gesäß zum Schutz des unteren Rückens an, und kommen Sie im oberen Rücken in eine leichte Rückbeuge.
- Ausatmend kommen Sie in die Berghaltung.

Das Vata-Programm

»Kriegerhaltung«
für ein selbstbewusstes Ich

Übung 1: *Berghaltung (Tadasana)*
* Siehe Seite 88, Übung 1: Berghaltung.

Übung 2: *Kriegerhaltung 1 (Virabhadrasana 1)*
- Aus der Berghaltung heraus machen Sie mit dem linken Fuß einen weiten Schritt nach vorn. Die rechte Fußspitze dreht sich etwas nach außen, die Ferse drückt fest zum Boden hin, das rechte Bein bleibt gestreckt. Becken nach vorne.
- Beugen Sie das linke Knie ein, es steht über dem linken Fußgelenk. Spannen Sie den Beckenboden an, Rücken gerade halten.
- Heben Sie die Arme über vorn nach oben, weiten Sie sich im Brustraum, und lassen Sie die Schultern sinken. Halten Sie die Position ruhig atmend 3 bis 5 Atemzüge lang.

Übung 3: *Vorbeuge über ein Bein (Parsvottanasana)*
- Aus der Kriegerhaltung heraus neigen Sie sich mit geradem Rücken über das gebeugte linke Bein. Führen Sie dabei die Arme über die Seiten nach hinten auf den Rücken, verbinden Sie die Finger, und strecken Sie die Arme, so weit möglich (Sie können auch die Unterarme oder Ellenbogen fassen).
- Der Bauch liegt auf dem Oberschenkel, der Brustraum bleibt weit, der Nacken lang, und das Körpergewicht ist gleichmäßig auf beide Beine verteilt. Halten Sie die Position 1 bis 3 Atemzüge lang.

Übung 4: *Berghaltung*
- Lösen Sie die Armhaltung auf, drücken Sie fest mit dem linken Fuß in den Boden, und richten Sie sich mit geradem Rücken in die Berghaltung auf.

Übung 5: *Kriegerhaltung und Vorbeuge*
- Üben Sie nun die Kriegerhaltung mit dem anderen Bein und anschließend die Vorbeuge.
- Spüren Sie danach einige Atemzüge lang bewusst der Wirkung der Übungen nach.

Ihr persönliches Programm

»Bretthaltung und Seitstütz«
für Stabilität und Kraft

Übung 1: *Kindhaltung mit Fäusteturm*
- Lassen Sie das Becken zurück auf die Fersen sinken. Bauch- und Brustraum liegen auf den Oberschenkeln.
- Stellen Sie die Fäuste aufeinander, und legen Sie den Kopf darauf.
- Verweilen Sie ruhig atmend 1 bis 2 Atemzüge in dieser Entspannungshaltung.

Übung 2: *Kindhaltung, Arme gestreckt*
- Stellen Sie die Hände vor den Knien auf. Schieben Sie die Hände weit nach vorn, bis die Arme gestreckt sind.

Übung 3: *Vierfüßlerstand*
- Einatmend heben Sie den Kopf und machen Ihren Nacken lang. Heben Sie den Brustkorb, und kommen Sie in den Vierfüßlerstand mit gerader Wirbelsäule.

Übung 4: *Zwischenhaltung*
- Drücken Sie fest mit den gespreizten Fingern und ganzen Händen zum Boden, und halten Sie die Arme gestreckt.
- Spannen Sie die Beckenbodenmuskulatur an, und setzen Sie ein Bein gestreckt nach hinten, die Zehen aufgestellt.

Das Vata-Programm

Übung 5: *Bretthaltung (Caturanga Dandasana)*
- Halten Sie eine gute Körperspannung, und setzen Sie auch das zweite Bein zurück.
- Der Körper ist in einer Linie vom Hinterkopf bis zu den Fersen.
- Ruhig atmend halten Sie die Stellung 3 bis 5 Atemzüge, indem Sie über den Scheitelpunkt nach vorn oben streben und sich über die Fersen nach hinten unten dehnen.

Übung 6: *Vierfüßlerstand und Kindhaltung mit langen Armen*
- Kommen Sie in den Vierfüßlerstand (Übung 3) zurück.
- Entspannen Sie kurz in der Kindhaltung mit langen Armen (Übung 3).
- Kommen Sie dann wieder in den Vierfüßlerstand, um weiter zu üben.

Übung 7: *Variante des Seitstützes (Vasishtasana)*
- Richten Sie eine gute Körperspannung ein:
- Spannen Sie den Beckenboden an, und drehen Sie sich auf die rechte Seite.
- Verlagern Sie das Körpergewicht auf den rechten gestreckten Arm und die Hand.
- Strecken Sie das linke Bein lang nach hinten, der Fuß steht gut mit der Ferse und Außenkante bis zu den Zehenballen am Boden.
- Führen Sie den linken Arm über den Kopf in Verlängerung des Körpers, und entspannen Sie die Schulter.
- Drücken Sie kraftvoll mit der Hand gegen den Boden.
- Strecken Sie die linke Seite von der Außenkante des Fußes bis in die Fingerspitzen.
- Halten Sie diese Position 3 bis 5 Atemzüge.

Übung 8: *Vierfüßlerstand, Kindhaltung (mit Fäusteturm), Seitstütz*
- Kehren Sie über den Vierfüßlerstand (Übung 3) in die Kindhaltung (Übung 2) zurück.
- Zum Schluss sollten Sie dem Übungsablauf ein paar Atemzüge lang nachspüren.
- Anschließend üben Sie den Seitstütz auf der **linken Seite.**
- Beenden Sie auch diese Trainingsfolge mit einigen Atemzügen zum bewussten Nachspüren.

Ihr persönliches Programm

Dehnung und Kräftigung der Körpervorder- und -rückseite

Track 10

Üben Sie diesen Bewegungsablauf zur Dehnung und Kräftigung, indem Sie im ersten Durchgang in jeder Haltung 1 bis 3 Atemzüge verweilen und die jeweilige Stellung bewusst wahrnehmen: In der Schulterbrücke spüren Sie die Dehnung der Körpervorderseite und die Kraft im Rücken, Gesäß und in den Beinen. In der Bauchpresshaltung spüren Sie die Kraft im Bauchraum und die Dehnung des Rückens. Lassen Sie Ihren Atem ruhig und gleichmäßig fließen. Wenn Ihnen die Haltungen geläufig sind, können Sie mit jedem Atemzug fließend von einer Stellung in die andere gehen. Wiederholen Sie den Bewegungsablauf 3- bis 5-mal.

Übung 1: *Knie-an-Brust-Stellung (Apanasana)*
- Kommen Sie in die Rückenlage. Ziehen Sie das Kinn etwas heran, sodass Ihr Nacken lang ist.
- Nehmen Sie nacheinander beide Beine zum Körper heran, und umfassen Sie die Beine unterhalb der Knie. Halten Sie diese Ausgangshaltung der Übung einige ruhige Atemzüge lang.

Übung 2: *Rückenlage mit aufgestellten Füßen*
- Die Füße stehen hüftgelenkbreit gerade vor dem Becken.
- Drücken Sie leicht mit den Füßen gegen den Boden. Die Arme liegen dicht neben dem Körper.
- Der ganze Rücken hat Bodenkontakt.

94

Übung 3: *Schulterbrücke-Variation*
(Dvi Pada Pitham)
- Ausatmend spannen Sie leicht den Beckenboden an. Einatmend heben Sie das Becken und den Rücken. Führen Sie gleichzeitig die gestreckten Arme hinter den Kopf zum Boden.
- Heben Sie das Brustbein, und schieben Sie die Knie parallel nach vorn in den Raum.

Übung 4: *Bauchpressenhaltung*
- Ausatmend legen Sie den oberen Rücken zwischen den Schulterblättern zum Boden, dann den unteren Rücken und das Becken ab.
- Weiter ausatmend ziehen Sie die Knie zum Bauch und heben den Kopf (Kinn zur Kehle). Führen Sie gleichzeitig die gestreckten Arme seitlich neben den Körper, die Handflächen nach vorn geöffnet.

Übung 5: *Umkehrhaltung*
- Einatmend legen Sie den Kopf mit langem Nacken zum Boden, führen die Arme nach hinten zurück und strecken die Beine über die Fersen gedehnt nach oben.

Übung 6: *Rückenlage mit aufgestellten Füßen*
- Ausatmend kehren Sie in die Rückenlage (Übung 2) zurück, indem Sie die Knie einbeugen, die Füße aufstellen und danach die Arme wieder neben dem Körper ablegen.

Ihr persönliches Programm

»Der Schulterstand« Track 11
die andere Variante

Übung 1: *Rückenlage mit aufgestellten Füßen*
- Halten Sie bitte ein Kissen bereit, und legen Sie es griffbereit neben sich. Kommen Sie in die Rückenlage mit aufgestellten Füßen.

Übung 2: *Variante des Schulterstands*
(Viparita Karani Mudra)
- Ziehen Sie die Knie zum Bauch. Legen Sie unter Ihr Becken ein festes Kissen. Der Kopf liegt tiefer als der Nabel. Strecken Sie die Beine locker nach oben. Atmen Sie ruhig und gleichmäßig einige Atemzüge lang in dieser Haltung.
- Lösen Sie die Haltung, indem Sie die Knie einbeugen und zum Bauch sinken lassen.
- Ziehen Sie das Kissen unter dem Becken weg, stellen Sie die Füße zum Boden zurück. Spüren Sie nach.

Übung 3: *Knie-an-Brust-Stellung*
- Ziehen Sie das Kinn etwas heran, sodass Ihr Nacken lang ist. Nehmen Sie die Beine nacheinander zum Körper heran, und umfassen Sie die Beine unterhalb der Knie.
- Halten Sie diese Stellung einige ruhige Atemzüge lang.

»Krokodilhaltung« – die richtige Drehung

 Track 12

Übung 1: *Ausgangshaltung*
- Der Rücken ist von Schultergürtel bis Becken flach am Boden. Stellen Sie die Füße parallel nebeneinander vor dem Gesäß auf. Breiten Sie die Arme seitlich, etwas vom Körper entfernt, aus. Schlagen Sie das rechte Bein über das linke.

Übung 2: *Krokodilhaltung (Makarasana)*
- Lassen Sie beide Beine langsam nach links in Richtung Boden sinken. Gehen Sie nur so weit in die Drehung, wie der Schultergürtel am Boden liegen bleiben kann. Der Kopf bleibt mit dem Hinterkopf am Boden oder dreht leicht nach rechts. Atmen Sie 3 bis 5 Atemzüge ruhig und gleichmäßig in der Drehlage.
- Verlassen Sie die Haltung, indem Sie die Beine wieder aufstellen. Spüren Sie der Wirkung nach.
- Wiederholen Sie die Übung nun nach rechts.

Übung 3: *Knie-an-Brust-Stellung*
- Ziehen Sie das Kinn etwas heran, sodass Ihr Nacken lang ist. Nehmen Sie die Beine nacheinander zum Körper heran, und umfassen Sie die Beine unterhalb der Knie. Halten Sie die Stellung einige ruhige Atemzüge lang.

Ihr persönliches Programm

DAS PITTA-PROGRAMM

Übungen zur Pitta-Harmonisierung

Menschen mit Pitta-Konstitution haben viel Energie und lieben Herausforderungen. Sie sind meistens ehrgeizig und zielorientiert. Durch sein feuriges Temperament neigt der Pitta-Typ zu Überhitzung und Ungeduld. Er kann harmonischer leben, wenn er sich weniger anstrengt, seinen starken Willen auch dazu nutzt, um weicher und sanfter zu werden.

Der Pitta-Weg zur inneren Balance

Sie haben anhand des Konstitutions-Fragebogens (s. S. 34 f.) festgestellt, dass Sie ein singulärer oder gemischter Pitta-Typ sind. Dann ist dieses Programm genau der richtige Weg zur inneren Balance für Sie!
Haben Sie eine singuläre Konstitution, üben Sie hauptsächlich nach dem Pitta-Programm, haben Sie eine gemischte, dann üben Sie dieses Programm im Wechsel nach dem Programm Ihres anderen Doshas – oder trainieren Sie ganz einfach nach dem 3-Dosha-Programm (s. S. 64 ff.). Falls Sie noch einmal überprüfen möchten, wie das für Sie aussieht, lesen Sie »Das Programm für Anfänger« (s. S. 52) oder »Das Programm für Fortgeschrittene« (s. S. 53) nach.

»Wenn der Atem in Bewegung ist, sind es auch die Gedanken. Wenn der Atem ruht, dann ruhen auch Sie. Da der Yogi nach Ruhe strebt, so soll der Atem beruhigt werden.« (Hatha-Yoga-Pradipika 2/1)

Das Training für Ihren Typ

Um die Energie bei Pitta in die richtigen Bahnen zu lenken, sollte locker, nicht leistungsorientiert und nicht mit maximalem Krafteinsatz geübt werden – ohne Stress üben heißt Spannungen lösen! Pitta wird harmonisiert z. B. durch Vorbeugen, hüftöffnende Übungen, sanfte Rückbeugen oder Drehungen, die langsam und kraftvoll, jedoch nicht anstrengend ausgeführt werden.
Begleitet wird die Körperarbeit durch bewusstes, langsames Atmen, da ein ruhiger Atemrhythmus die seelisch-geistigen Vorgänge zur Ruhe kommen lässt. Atemübungen, die kühlen, sind sinnvoll.
Der Geist bleibt entspannt und kühl. Nach einer sinnvollen Anstrengung Ayurveda-Yoga-Praxis sollte der Pitta-Typ in der Entspannungshaltung (s. S. 123) 15 bis 20 Minuten loslassen. Wählen Sie als idealen Abschluss für Ihr komplettes Ayurveda-Yoga-Programm die Wechselatmung (s. S. 122).

Die Einstimmung: kühlende Atemübung

Track 14

Shitali oder auch **Shitkari** sind 2 Übungen, um den Körper mithilfe der Atmung abzukühlen; mentale und emotionale Bewegungen kommen zur Ruhe. Eingeatmet wird durch den Mund und ausgeatmet durch die Nase. Wiederholen Sie den folgenden Zyklus einige Minuten lang, ideal sind etwa 5 Minuten. Spüren Sie anschließend der Wirkung nach.

»Eine Atemübung«
zur Beruhigung

Übung 1
- Wählen Sie eine bequeme Sitzhaltung, in welcher Sie die Wirbelsäule aufrichten können.
- Ihr Bauchraum und Ihr Brustraum sind frei und weit, der Schultergürtel und das Gesicht entspannt.
- Der Atem fließt tief und ruhig.
- Formen Sie die Zunge zu einer Art Röhre, und strecken Sie die Zungenspitze ein Stück aus dem Mund heraus: **Shitali.**
- (Genetisch bedingt können manche Menschen die Zunge an den Seiten nicht einrollen. Sollte das bei Ihnen der Fall sein, üben Sie **Shitkari,** der Effekt ist der gleiche wie bei Shitali: Öffnen Sie die Lippen leicht, die Zähne liegen aufeinander, die Zungenspitze berührt den oberen Gaumen.)
- Atmen Sie langsam durch die Zungenröhre oder Zähne ein.
- Schließen Sie am Ende der Einatmung den Mund.
- Atmen Sie durch die Nase aus.

Pitta-Bewertung

PITTA-BERUHIGUNG
- *Bewegung:* Ausgleichend üben, nicht anstrengen, kühl bleiben. In entspannenden Positionen statisch 1 bis 3 Atemzüge verweilen.
- *Atmung:* Ruhig und gleichmäßig, fließend, evtl. durch den Mund ausatmen.
- *Geist:* Ruhig, gelassen, nicht ehrgeizig sein bei den Übungen.
- *Bewegungsabläufe:* Ohne Anstrengung 1- bis 3-mal wiederholen.

Ihr persönliches Programm

Track 15

Übungen, um überschüssige Energie abzubauen

Hier folgen Sie einem kraftvollen Bewegungsablauf, um überschüssige Energie abzubauen. Üben Sie diesen Zyklus 3- bis 5-mal im Atemrhythmus.

Übung 1: *Fersensitz*
- Setzen Sie sich auf die Fersen, die Füße sind parallel nebeneinander. Lassen Sie das Becken nach unten sinken. Gleichzeitig richten Sie das Becken und die Wirbelsäule auf, wachsen Sie über den Scheitelpunkt nach oben. Der Brustraum ist weit, lassen Sie die Schultern nach hinten unten und außen sinken. Die Hände liegen auf den Oberschenkeln.
- Der Atem fließt in dieser Ausgangshaltung ruhig und gleichmäßig.

Übung 2: *Brustraum weiten*
- Einatmend heben Sie die Arme über vorn nach oben. Die Beckenbodenmuskulatur ist aktiv, das Becken bleibt aufgerichtet.

Übung 3: *Variante der Kindhaltung*
- Ausatmend stellen Sie die Hände vor den Knien auf. Schieben Sie die Hände weit in den Raum und legen den Bauch auf die Oberschenkel. Der Brustkorb bleibt weit. Legen Sie den Kopf auf den Boden.

Das Pitta-Programm

Übung 4: *Zwischenhaltung*
- Einatmend drücken Sie mit den Händen zum Boden, öffnen die Ellbogen zu den Seiten, und heben Sie sich in den Vierfüßlerstand.

Übung 5: *Vierfüßlerstand*
- Die Handgelenke stehen unter den Schultergelenken, die Kniegelenke unter den Hüftgelenken, der Rücken ist gerade, der Kopf in Verlängerung der Wirbelsäule.

Übung 6: *Nach unten blickende Hundehaltung*
- Ausatmend drücken Sie fest mit den Händen gegen den Boden. Heben Sie die Knie vom Boden ab, und lassen Sie die Beine eingebeugt, während Sie das Becken nach hinten oben schieben. Bleiben Sie auf den Zehenballen, die Knie noch leicht gebeugt, und strecken Sie die Arme und den Rücken gut.
- Lassen Sie langsam die Fersen Richtung Boden sinken. Der Kopf befindet sich zwischen den Oberarmen.

Ihr persönliches Programm

Übung 7: *Vierfüßlerstand*
- Einatmend kommen Sie zurück in den Vierfüßlerstand: Die Handgelenke stehen unter den Schultergelenken, die Kniegelenke unter den Hüftgelenken, der Rücken ist gerade, der Kopf in Verlängerung der Wirbelsäule.

Übung 8: *Variante der Kindhaltung*
- Ausatmend setzen Sie sich wieder zurück auf die Fersen in die Variante der Kindhaltung.

Übung 9: *Kniestand*
- Einatmend heben Sie den Kopf und machen den Nacken lang. Heben Sie die Arme und den Rumpf an.
- Kommen Sie so in den Kniestand.
- Spannen Sie den Beckenboden, den Bauch und das Gesäß an, um den unteren Rücken zu stützen.
- Öffnen Sie sich im Herzraum.

Übung 10: *Fersensitz*
- Ausatmend setzen Sie sich zurück in die Ausgangshaltung, den Fersensitz.

»Heuschreckenhaltung«
eine Variante

Übung 1: *Bauchlage*
- Kommen Sie in die Bauchlage. Die Beine hüftgelenkbreit auseinander, die Fußrücken am Boden. Führen Sie die Arme neben den Kopf, schultergelenkbreit auseinander, langer Nacken, die Stirn liegt am Boden. Zum Schutz des unteren Rückens spannen Sie die Gesäßmuskulatur an, richten Sie das Becken auf.

Übung 2: *Dehnung parallel*
- Einatmend heben Sie den Kopf, den rechten Arm und das rechte Bein an, ausatmend wieder sinken lassen.
- Wechseln Sie die Seite: linker Arm und linkes Bein.

Übung 3: *Dehnung überkreuz*
- Einatmend heben Sie den Kopf, den rechten Arm und das linke Bein an, ausatmend sinken lassen.
- Wechseln Sie die Seite: linker Arm und rechtes Bein.

Übung 4: *Heuschreckenhaltung (Shalabhasana)*
- Einatmend heben Sie den Kopf, beide Arme und Beine an, ausatmend sinken lassen. Sie können diese Stellung 1 bis 3 Atemzüge lang halten.
- Üben Sie diesen Bewegungsablauf 3- bis 5-mal ohne Anstrengung.

Ihr persönliches Programm

»Ausgleichshaltung«
für die perfekte Balance

Übung 1: *Kindhaltung (Garbhasana)*
- Ausatmend setzen Sie sich zurück auf die Fersen, der Rumpf sinkt auf die Oberschenkel.
- Die Stirn sinkt zum Boden.
- Entspannen Sie die Schultern, und legen Sie die Arme nach hinten neben die Beine.
- Verweilen Sie ruhig atmend ein paar Atemzüge in dieser Stellung.

Übung 2: *Hocke*
- Einatmend richten Sie den Rumpf auf, stellen die Zehen um und kommen in die Hocke.
- Verweilen Sie 1 bis 3 Atemzüge in der Haltung.

»Baum und Dreieck« Track 16
für die richtige Erdung

Übung 1: *Berghaltung (Tadasana)*
- Siehe Foto oben auf Seite 105: Einatmend kommen Sie in den aufrechten Stand.
- Stehen Sie mit parallel aufgestellten Füßen hüftgelenkbreit, und spüren Sie Ihr Körpergewicht gleichmäßig auf beiden Füßen. Verbinden Sie sich gut mit dem Boden.
- Die Beinmuskeln sind aktiv. Richten Sie Ihr Becken auf, indem Sie den Beckenboden leicht anspannen und das Steißbein nach unten verlängern. Vom Becken aus wachsen Sie Wirbel um Wirbel nach oben.
- Heben Sie den Brustkorb, der Nacken ist dabei lang. Sie streben über den Scheitelpunkt in den Raum über sich.
- Das Gesicht ist entspannt.
- Die Arme und Hände sind entspannt.
- Sie fühlen sich in einer Idealspannung, sicher und stabil.
- Der Atem fließt ruhig und gleichmäßig.

Das Pitta-Programm

Übung 2: *Baumhaltung (Vrikshasana)*
- Verlagern Sie das Körpergewicht auf das linke Bein, verwurzeln Sie sich über den linken Fuß mit der Erde.
- Halten Sie den Blick auf einen Punkt gerichtet ein paar Meter vor ihnen am Boden.
- Drehen Sie das rechte Bein im Hüftgelenk nach außen und stellen Sie den Fuß an der Innenseite des linken Beins an. Es ist nicht wichtig, wie hoch Sie den Fuß abstellen, evtl. lassen Sie die Zehenspitze sogar am Boden.
- Heben Sie die Arme über den Kopf, und legen Sie die Handflächen aneinander.
- Ruhig atmend (1 bis 3 Atemzüge halten) fühlen Sie sich im Gleichgewicht und geerdet.

Übung 3: *Zwischenhaltung*
- Verlassen Sie die Baumhaltung, indem Sie mit dem rechten Fuß einen großen Schritt nach rechts machen und den Fuß mit der Fußspitze nach außen gedreht am Boden aufsetzen. Drehen Sie den linken Fuß leicht einwärts. Heben Sie die Arme in Schulterhöhe an, und strecken Sie die Arme bis in die Fingerspitzen. Schieben Sie das Becken etwas nach links. Der Rumpf bleibt gerade aufgerichtet. Atmen Sie ein. Spannen Sie die Beinmuskeln und Gesäßmuskeln an.

Ihr persönliches Programm

Übung 4: *Dreieckshaltung (Trikonasana)*
- Ausatmend neigen Sie den Rumpf über das rechte Bein und legen die rechte Hand, ohne sich auf diese zu stützen, am Bein auf. Strecken Sie den linken Arm bis in die Fingerspitzen nach oben, und lassen Sie die linke Schulter hinten, bleiben Sie weit im Brustraum. Der Blick ist nach vorn gerichtet (Kopf nicht hängen lassen) oder nach oben zur Hand.
- Halten Sie die Haltung ohne Anstrengung 1 bis 3 Atemzüge.

Übung 5: *Berghaltung*
- Kommen Sie in die Berghaltung. Spüren Sie ruhig atmend ein paar Atemzüge nach.
- Wiederholen Sie den Zyklus mit dem anderen Bein.

Übung 6: *Vorbeuge mit gegrätschten Beinen (Konasana)*
- Gehen Sie in eine weite Grätsche, die Fußspitzen zeigen nach vorn.
- Beugen Sie leicht die Knie, legen Sie die Hände in die Leisten.
- Ausatmend beugen Sie sich aus den Hüftgelenken heraus mit geradem Rücken nach vorn.
- Strecken Sie die Sitzbeine nach oben, lassen Sie den Rumpf gerade, entspannt hängen, und fassen Sie mit den Händen die Unterarme oder Ellbogen.
- Halten Sie diese Stellung ruhig atmend etwas länger.

Übung 7: *Berghaltung*
- Richten Sie sich wieder auf in die Berghaltung, indem Sie sich mit den Händen auf den Oberschenkeln aufstützen.

»Halber Drehsitz«
im Sitzen entspannen

Übung 1: *Stabhaltung (Dandasana)*
- Sie sitzen mit gestreckten oder leicht eingebeugten Beinen am Boden. Wichtig ist, dass Sie den Rumpf gut aufrichten können.
- Ziehen Sie die Gesäßhälften nach hinten, und spüren Sie die Sitzbeinknochen gegen den Boden drücken.
- Setzen Sie die Hände mit den Fingerspitzen oder Handflächen hinter dem Gesäß auf, und strecken Sie die Wirbelsäule bis zum Scheitelpunkt. Der Nacken ist lang, der Blick gerade nach vorn gerichtet.
- Atmen Sie ruhig in dieser Ausgangshaltung.

Übung 2: *Drehsitz (Ardha Marsyendrasana)*
- Beugen Sie das linke Bein, und stellen Sie den linken Fuß außen neben das rechte Knie zum Boden. Ziehen Sie das Bein dicht mit beiden Händen zum Körper heran, und richten Sie sich dabei noch einmal gut auf.
- Legen Sie die rechte Ellenbogenbeuge um das linke Knie, während Sie die linke Hand (evtl. mit den Fingerspitzen) hinter dem Becken aufsetzen.
- Ausatmend drehen Sie sich langsam, von unten nach oben, Wirbel für Wirbel nach links. Schultergürtel und Kopf folgen der Drehung in der Brustwirbelsäule. Beide Gesäßhälften bleiben am Boden. Kommen Sie in Ihre Endhaltung, und verweilen Sie entspannt einige Atemzüge in der Haltung.
- Drehen Sie sich dann langsam wieder nach vorn und setzen Sie den Fuß zurück.

Ihr persönliches Programm

Übung 3: *Variante der Vorbeuge im Sitzen (Pashcimottanasana)*
- Kommen Sie in den Langsitz mit angebeugten Beinen, die Füße aufgestellt.
- Ziehen Sie die Gesäßhälften nach hinten, richten Sie den Rücken gerade, und neigen Sie sich aus den Hüftgelenken heraus (nicht aus der Taille) nach vorn über die Oberschenkel.
- Die Arme liegen entspannt neben den Beinen.
- Entspannen Sie den Kopf. Halten Sie diese Stellung ruhig atmend etwas länger.

Übung 4: *Stabhaltung*
- Richten Sie sich in die Stabhaltung auf.
- Wiederholen Sie den Drehsitz zur anderen Seite.

Das Pitta-Programm

»Rückenlage«
zum richtigen Ausklang

Übung 1: *Knie-an-Brust-Stellung (Apanasana)*
- Kommen Sie in die Rückenlage. Ziehen Sie das Kinn etwas heran, sodass Ihr Nacken lang ist. Nehmen Sie ein Bein nach dem anderen zum Körper heran, und umfassen Sie die Beine unterhalb der Knie.
- Halten Sie diese Stellung einige ruhige Atemzüge lang.

Übung 2: *Rückenlage*
- Lassen Sie anschließend die Beine nacheinander am Boden ausgleiten. Kommen Sie so in die gestreckte Rückenlage.
- Aus dieser ruhigen Rückenlage ist es besonders leicht, still zu halten und innere Ruhe zu finden. Genießen Sie also den Ausklang Ihres Pitta-Programms – entweder mit der nach jeder Übungseinheit empfohlenen Entspannungshaltung (s. S. 123) oder der Wechselatmung (s. S. 122).

109

Ihr persönliches Programm

DAS KAPHA-PROGRAMM

Übungen zur Kapha Harmonisierung

Menschen mit Kapha-Konstitution fällt es oft schwer, in die Aktivität zu gehen, etwas anzufangen. Sie brauchen viel Motivation. Andererseits liegt die Stärke des Kapha-Typs in seiner Ausdauer: Wenn er erst einmal mit dem Üben beginnt, hält er in der Regel pflichteifrig daran fest.

Der Kapha-Weg zur inneren Balance

Um der Kapha-Typ-Neigung zur Trägheit entgegenzuwirken, ist Bewegung und Anregung sehr wichtig. Es sollte immer mit großer Energie, entschlossen und dynamisch geübt werden, z. B. Übungen im Stehen, Rückbeugen oder Umkehrhaltungen. Anstrengende Positionen sollten länger gehalten werden. Um Kapha zu harmonisieren, begleiten wärmende, anregende Atemübungen die Körperarbeit.

Gleichgülitg, ob jung oder alt, krank oder schwach, wer die Trägheit überwindet, wird Erfolg haben – wenn er Yoga praktiziert. (Hatha-Yoga-Pradipika 1/66–69)

Der Geist soll wach und konzentriert sein. Wenn Ihr Kapha erhöht ist und Sie Übergewicht haben, beginnen Sie zunächst mit den Übungen am Boden z. B. aus dem 3-Dosha-Programm, und bauen Sie systematisch Kraft und Beweglichkeit auf. Kapha-Menschen können sich gut entspannen, deshalb reichen 10 Minuten Entspannungsübung (s. S. 123) zum Schluss der Yogapraxis aus.

Track 19

Die Einstimmung: anregende Atemübung

Die hier vorgestellte Atemübung trägt in Verbindung mit den Körperübungen zur Steigerung von Lebensfreude und Begeisterungsfähigkeit bei. Die Doppelatmung wirkt anregend und belebend und eignet sich sehr gut, um im Körper eingeschlossene Spannungen abzubauen. Wenn Sie sich schlapp, deprimiert oder müde fühlen, können Sie einfach ein paar Mal in der Technik der Doppelatmung ein- und ausat men – und Sie haben wieder neue Energie! Eingeatmet wird durch die Nase – in den Bauch, unteren Brustkorb, oberen Brustraum. Ausge-atmet wird durch den Mund (spitzen Sie die

Das Kapha-Programm

Lippen, als wollten Sie eine Kerze ausblasen). Leeren Sie zuerst den oberen Bereich der Lungen, den mittleren und zum Schluss den unteren. Wählen Sie eine Sitzhaltung Ihrer Wahl. Sie können auch auf einem Stuhl sitzen. Wichtig ist, dass die Wirbelsäule gut aufgerichtet ist. Bauch- und Brustraum sind weit und frei für den Atem. Bleiben Sie im Gesicht, im Nacken-Halsbereich und in den Schultern entspannt.

Wiederholen Sie die Atemübung 3- bis 5-mal: Wenn Sie die Übung beherrschen und Ihren Rhythmus kennen, brauchen Sie Ihre Atemzüge während der Übung nicht mehr zu zählen. Ein natürlicher Kurz-Lang-Rhythmus wird sich einstellen. Beobachten Sie anschließend die Wirkung dieser Atemübung.

»Die Doppelatmung«
für neuen Schwung

Übung 1: *Einatemphase*
- Atmen Sie in zwei Phasen durch die Nase ein:
- Die erste Phase ist kurz (zählen Sie bis 1) und beteiligt den Bauch- und den unteren Rippenbereich. Halten Sie kurz an.
- Ohne zwischendurch auszuatmen atmen Sie ein zweites Mal ein (zählen Sie bis 4) und dehnen den oberen Brustkorb vollständig.

Übung 2: *Ausatemphase*
- Spitzen Sie die Lippen, und atmen Sie in 2 Phasen, genau umgekehrt, aus:
- Die erste Phase ist kurz (zählen Sie bis 1). Sie leeren zuerst den oberen Brustkorb und spannen dazu die Rippen an. Halten Sie kurz an.
- Atmen Sie weiter aus (zählen Sie bis 4), und spannen Sie weiter die Rippen an. Ziehen Sie zusätzlich die Bauchmuskulatur nach innen in Richtung Wirbelsäule. Entspannen Sie wieder die Bauchmuskulatur und den Brustkorb.

❶

Kapha-Bewertung

KAPHA-BERUHIGUNG
- *Bewegung:* Kraftvoll, dynamisch, erhitzend üben. Statisch mehrere Atemzüge in anstrengenden Positionen verweilen.
- *Atmung:* lange, ruhige, tiefe Atemzüge.
- *Geist:* konzentriert, wach, begeistert ausgerichtet auf die Übungen.
- *Bewegungsabläufe:* Je nach Kondition mehrmals wiederholen.

Ihr persönliches Programm

»Übung zur Anregung«
der Aktivität
Track 20

Übung 1: *Hockstellung*
- Die Fußspitzen weisen nach außen, die Fersen zueinander, die Knie sind geöffnet, die Fingerspitzen berühren den Boden, der Rücken ist gerade. Atmen Sie in der Hocke ein.

Übung 2: *Vorbeuge (Uttanasana)*
- Ausatmend schieben Sie das Becken nach oben, strecken die Beine so weit wie möglich und kommen in die Vorbeuge. Ziehen Sie dabei die Bauchdecke in Richtung Wirbelsäule ein.
- Üben Sie beide Haltungen im Wechsel 10-mal. Spüren Sie im aufrechten Stand nach.

Übung 3: *Stuhlhaltung-Variante (Utkatasana)*
- Die Füße stehen im aufrechten Stand hüftgelenkbreit, parallel am Boden. Beugen Sie die Knie und schieben das Gesäß weit nach hinten unten, als wollten Sie sich auf einen Stuhl setzen. Der Bauch berührt die Oberschenkel, diese sind parallel zum Boden. Heben Sie das Brustbein an, und breiten Sie die Arme seitlich aus.
- Halten Sie ruhig atmend die Haltung einige Atemzüge. Spüren Sie im aufrechten Stand nach.

»Dreieck«
Dehnung, Drehung und Kraft
Track 21

Übung 1: *Berghaltung (Tadasana)*
- Stehen Sie mit parallel aufgestellten Füßen hüftgelenkbreit, und spüren Sie Ihr Körpergewicht gleichmäßig auf beiden Füßen. Verbinden Sie sich gut mit dem Boden. Die Beinmuskeln sind

Das Kapha-Programm

aktiv. Richten Sie Ihr Becken auf, indem Sie den Beckenboden leicht anspannen und das Steißbein nach unten verlängern.
- Vom Becken aus wachsen Sie Wirbel um Wirbel nach oben. Heben Sie den Brustkorb, der Nacken ist dabei lang. Streben Sie über den Scheitelpunkt in den Raum über sich. Das Gesicht ist entspannt. Die Arme und Hände sind entspannt. Sie fühlen sich in einer Idealspannung, sicher und stabil. Der Atem fließt ruhig und gleichmäßig.

Übung 2: *Kriegerhaltung (Parsvakonasana)*
- Aus der Berghaltung heraus kommen Sie in eine weite Grätsche; finden Sie für sich das richtige Maß.
- Drehen Sie den rechten Fuß um 90 Grad nach außen, den linken Fuß leicht nach innen.
- Das Becken und der gesamte Rumpf sind gerade aufgerichtet, die Beckenbodenmuskulatur ist dabei aktiv.
- Einatmend heben Sie die Arme in Schulterhöhe gestreckt an, die Schultern zeigen dabei nach hinten unten, und der Brustraum ist weit.
- Ausatmend beugen Sie das rechte Knie, bis sich der Oberschenkel parallel zum Boden befindet und das Knie über dem Fußgelenk steht.
- Das linke Bein ist gestreckt. Die Ferse und Außenkante des Fußes fest zum Boden drücken.
- Ausatmend dehnen Sie sich aus der rechten Seite heraus, neigen Sie den Rumpf gedehnt nach rechts, und stützen Sie sich mit dem Unterarm auf dem Oberschenkel ab.
- Einatmend führen Sie den linken Arm gestreckt in die Verlängerung des Rumpfes über den Kopf.
- Halten Sie diese Position ruhig atmend 3 bis 5 Atemzüge lang.

Übung 3: *Gedrehte Dreieckshaltung (Parivrtta Trikonasana)*

- Aus der gestreckten Seitendehnung drehen Sie ausatmend den Rumpf nach unten über den rechten Oberschenkel, so dass der Bauch auf dem Oberschenkel ruht.
- Die linke Hand steht innen neben dem rechten Fuß mit den Fingerkuppen am Boden.
- Einatmend strecken Sie den rechten Arm nach oben und drehen das Becken und den langen Rücken nach rechts. Der Kopf dreht sich vorsichtig etwas mit. Sie können, wenn möglich, das rechte Bein mehr strecken.
- Der Rumpf ist gerade, parallel zum Boden, und die Arme befinden sich in einer Linie.
- Halten Sie diese Position ruhig atmend 3 bis 5 Atemzüge lang.

Übung 4: *Vorbeuge mit gegrätschten Beinen (Padottanasana)*

- Aus der gedrehten Dreieckshaltung drehen Sie ausatmend den Rumpf wieder über das rechte, gebeugte Bein zurück. Drehen Sie sich weiter zur Mitte, und setzen Sie beide Hände mit den Fingerkuppen am Boden auf.
- Einatmend heben Sie den Kopf, wobei der Nacken lang ist. Heben Sie den Brustkorb an, und dehnen Sie die Wirbelsäule bis zum Steißbein lang.
- Halten Sie diese Position ruhig atmend 1 bis 3 Atemzüge lang.
- Einatmend die Knie einbeugen, die Hände auf die Oberschenkel drücken und mit geradem Rücken in den aufrechten Stand zurückkommen.
- Spüren Sie kurz der Übung nach.
- Wiederholen Sie den Ablauf zur anderen Seite.
- Spüren Sie wieder kurz der Übung nach.

Das Kapha-Programm

»Die Kriegerhaltung«
Variante mit Stuhl

Übung 1: *Berghaltung (Tadasana)*
- Stellen Sie einen Stuhl bereit, sodass Sie sich auf ihn stützen können, oder üben Sie mit einem Tisch.
- Sie stehen in der aufrechten Berghaltung.

Übung 2: *Halbe Vorbeuge (Ardha Uttanasana)*
- Ausatmend beugen Sie sich aus den Hüftgelenken (nicht aus der Taille) heraus mit geradem Rücken in die halbe Vorbeuge und legen die Hände auf den Stuhl oder Tisch.
- Halten Sie die Position ruhig atmend 3 bis 5 Atemzüge lang.
- Strecken Sie sich vom Steißbein bis in die Fingerspitzen, weiten Sie den Brustkorb, und dehnen Sie die Beinrückseiten so weit wie möglich, der Kopf ist zwischen den Armen.

Übung 3: *Die Kriegerhaltung (Virabhadrasana 3)*
- Aus der halben Vorbeuge heraus heben Sie das linke Bein gestreckt an.
- Achten Sie darauf, dass das Becken gerade bleibt – Arme, Kopf und Rumpf sind in einer Linie.
- Halten Sie die Position ruhig atmend 3 bis 5 Atemzüge lang.
- Kommen Sie in den aufrechten Stand. Spüren Sie kurz nach. Wiederholen Sie die Übung mit dem zweiten Bein.

»Hundehaltung«
für die ideale Streckung

Übung 1: *Vierfüßlerstand*
- Sie kommen in den Vierfüßlerstand, indem Sie die Hände mit gespreizten Fingern unter die Schultergelenke stellen, die Arme sind gestreckt. Die Knie stehen unter den Hüftgelenken, der Rücken ist gerade. Der Kopf befindet sich in einer Linie mit der Wirbelsäule. Setzen Sie die Zehen um.

Übung 2: *Nach unten blickende Hundehaltung (Adho mukha shranasana)*
- Ausatmend drücken Sie fest mit den Händen gegen den Boden.
- Heben Sie die Knie vom Boden ab, und lassen Sie die Beine eingebeugt, während Sie das Becken nach hinten oben schieben.
- Bleiben Sie noch auf den Zehenballen, die Knie sind noch leicht gebeugt, und strecken Sie die Arme und den Rücken gut. Lassen Sie langsam die Fersen Richtung Boden sinken. Der Kopf befindet sich zwischen den Oberarmen.
- Halten Sie die Position ruhig atmend 3 bis 5 Atemzüge lang.
- Kommen Sie zurück in den Vierfüßlerstand (siehe Übung 1).

Das Kapha-Programm

»Taubenhaltung«
um Balance zu finden

Übung 1: *Kindhaltung*
- Kommen Sie aus dem Vierfüßlerstand direkt in die Kindhaltung: Lassen Sie ausatmend das Becken zurück auf die Fersen sinken, Bauch- und Brustraum liegen auf den Oberschenkeln, der Kopf sinkt zum Boden.
- Verweilen Sie ruhig atmend 1 bis 2 Atemzüge.

Übung 2: *Nach unten blickende Hundehaltung*
- Gehen Sie über den Vierfüßlerstand in die Nach unten blickende Hundhaltung. Während Sie die Stellung ruhig atmend kraftvoll halten, strecken Sie das rechte Bein soweit wie möglich nach hinten oben.

Übung 3: *Taubenhaltung 1*
(Eka Pada Rajakapotasana)
- Ausatmend schwingen Sie das rechte Knie nach vorn zwischen Ihre Hände und setzen den Unterschenkel, nach links versetzt, am Boden ab.
- Atmen Sie ruhig weiter, und lassen Sie die linke Leiste sinken – evtl. berührt die rechte Fußsohle den linken Oberschenkel. Heben Sie das Brustbein, aktivieren Sie den Beckenboden.

Ihr persönliches Programm

Übung 4: *Taubenhaltung 2*
- Heben Sie zuerst einen Arm, dann den zweiten nach hinten an, und richten Sie sich auf.
- Spannen Sie die Gesäßmuskeln zum Schutz des unteren Rückens an,
- Lassen Sie die Schultern sinken, spüren Sie die Weite im Brustraum.
- Halten Sie die Position ruhig atmend 3 bis 5 Atemzüge lang.

Übung 5: *Nach unten blickende Hundehaltung mit erhobenem Bein*
- Gehen Sie nun den Weg schrittweise zurück: Zunächst die Hände zum Boden, die Zehen umsetzen, abdrücken und in die Hundehaltung mit erhobenem Bein kommen.

Übung 6: *Kindhaltung*
- Gehen Sie anschließend fließend bis in die Kindhaltung zurück.
- Spüren Sie 1 bis 2 Atemzüge nach
- Wiederholen Sie die Sequenz mit dem anderen Bein.

Das Kapha-Programm

»Bootshaltung 1«
für eine starke Körpermitte

Übung 1: *Rückenlage mit aufgestellten Füßen*
- Die Füße stehen hüftgelenkbreit gerade vor dem Becken. Drücken Sie leicht mit den Füßen gegen den Boden. Die Arme liegen dicht neben dem Körper. Der ganze Rücken hat Bodenkontakt.

Übung 2: *Schulterbrücke-Variation*
- Ausatmend spannen Sie leicht den Beckenboden an. Einatmend heben Sie das Becken und den Rücken, führen gleichzeitig die gestreckten Arme hinter den Kopf und legen diese am Boden ab. Der Nacken ist lang, heben Sie das Brustbein.

Übung 3: *Bootshaltung-Variante und Rückenlage*
- Ausatmend legen Sie die Wirbelsäule von oben nach unten langsam wieder ab, ziehen die Beine zum Bauch heran (Unterschenkel in die Waagerechte angehoben), heben den Kopf (Kinn zum Brustbein) und führen die Arme neben den Körper.
- Üben Sie nun fließend im eigenen Atemrhythmus, indem Sie einatmend in die Schulterbrücke und ausatmend in die Bootshaltung gehen.
- Nach 3 bis 5 Wiederholungen kommen Sie in die Rückenlage mit aufgestellten Füßen zurück. Spüren Sie der Übung nach.

»Bootshaltung 2«
Kraft für die Mitte

Übung 1: *Ausgangshaltung*
- Kommen Sie in einen Sitz mit aufgestellten Beinen, und fassen Sie in die Kniekehlen. Spüren Sie die Sitzknochen zum Boden drücken, und verlagern Sie Ihr Körpergewicht etwas nach hinten. Der Rücken bleibt gerade. Heben Sie das Brustbein, und spannen Sie den Beckenboden an.

Übung 2 und 3: *Bootshaltung und Rückenlage*
- Heben Sie die Beine an, ohne den Rücken zu runden. Strecken Sie die Beine nicht ganz lang, lassen Sie die Knie etwas gebeugt. Strecken Sie die Arme seitlich neben dem Körper aus.
- Halten Sie das Gleichgewicht 3 bis 5 Atemzüge.
- Nach einer Pause in der Ausgangshaltung können Sie die Übung noch einmal wiederholen.
- Kommen Sie in die Rückenlage mit aufgestellten Füßen. Spüren Sie der Übung in dieser Position nach.

Das Kapha-Programm

»Der richtige Dreh« Track 22
Vitalität durch Kraft und Beweglichkeit

Übung 1 und 2: *Rückenlage mit aufgestellten Füßen und Ausgangshaltung*
- Kommen Sie wieder in die Rückenlage.
- Nehmen Sie die geschlossenen Beine zum Körper heran. Breiten Sie die Arme in Schulterhöhe am Boden aus, die Handflächen weisen zum Boden.

Übung 3: *Wirbelsäulendrehung*
- Ausatmend führen Sie die Beine nach links zum Beckenrand.
- Einatmend die Position halten.
- Ausatmend führen Sie die Beine nach rechts zum Beckenrand. Der Kopf geht leicht in die Gegenrichtung zum Becken. Der Schultergürtel bleibt immer in Bodenkontakt.
- Wiederholen Sie die Übung einige Male. Sie schließen ab, indem Sie beide Oberschenkel dicht zum Bauch heranziehen und die Beine mit beiden Armen umfassen. Spüren Sie so nach.

Ihr persönliches Programm

DER AUSKLANG

Für jede Konstitution

Nach Ihrem Ayurveda Yoga-Training haben Sie sich eine Ruhepause verdient – und am effektivsten nutzen Sie diese mit einer Axurveda Yoga-Entspannungsübung! Wir zeigen Ihnen zwei Möglichkeiten, die Aktivität – und vielleicht auch Anstrengung – der Praxis-Programme auszugleichen und wieder zur Ruhe zu kommen. So gestärkt und gleichzeitig erholt kommen Körper und Geist in eine perfekte Balance und Sie in Einklang mit sich selbst.

Wechselatmung (Nadi Shodhana)

Nach der Körperarbeit (Asana-Praxis) des Ayurveda-Yoga können Sie eine der bekanntesten Atemübungen anschließen. Atemübungen heißen auch Pranayama; die Übersetzung macht ihre Wirkung klar: »Prana« bedeutet »Energie«, »Ayama« bedeutet »lenken«. Sie bewirken das Zur-Ruhe-Kommen der seelisch-geistigen Vorgänge. Und so bringt auch die Wechselatmung Ihre Energien der Aktivität und Ruhe ins Gleichgewicht.

»Der richtige Atem«
zum Energieausgleich

Übung 1: *Sitzen*
- Sitzen Sie bequem, entspannt und aufgerichtet in einem Sitz Ihrer Wahl. Sie können auch gut auf einem Stuhl sitzend üben.
- Atmen Sie ruhig und gleichmäßig durch die Nase ein und aus.
- Spüren Sie Ihren Atem lange und fein durch alle drei Atemräume fließen.

Übung 2: *Fingerhaltung mit Atmung*
- Heben Sie die rechte Hand zum Gesicht hoch. Es gibt 2 Möglichkeiten der Fingerhaltung: 1. Sie legen Zeigefinger und Mittelfinger auf die Mitte der Stirn. 2. Sie beugen den Zeige- und Mittelfinger zur Handfläche hin.
- Ringfinger/kleiner Finger und Daumen sind gestreckt. Mit dem Ringfinger wird das linke Nasenloch verschlossen, mit dem Daumen das rechte. Atmen Sie durch beide Nasengänge noch einmal ein, und verschließen Sie dann mit dem Daumen die rechte Nasenseite. Atmen Sie links aus und wieder ein. Verschließen Sie mit dem Ringfinger die linke Nasenseite. Atmen Sie rechts aus und wieder ein. Verschließen Sie wieder rechts – atmen Sie links aus und wieder ein.
- Üben Sie weiter im Wechsel, ohne Anstrengung, im eigenen Atemrhythmus. Wenn Sie merken, dass Sie ermüden, beenden Sie die Übung, indem Sie zum Abschluss noch einmal links einatmen und dann über beide Nasenseiten ausatmen. Legen Sie die rechte Hand ab, und spüren Sie die Wirkung.

Der Ausklang

Entspannungshaltung (Shavasana) Track 23

Mit dieser Haltung sollten Sie jede Übungseinheit aus Ihrem ganz persönlichen Praxis-Programm abschließen. Auf diese Weise können Sie der Wirkung der einzelnen Übungen besser nachspüren und diese bewusster wahrnehmen.

»Stillhalten«
und nachspüren

Übung 1: *Liegen*
- In der Entspannung sollten Sie bequem liegen. Die Unterlage nicht zu hart wählen, evtl. nehmen Sie ein Kissen unter den Kopf, und/oder legen Sie ein Polster unter die Knie. Vielleicht wollen Sie sich zudecken.
- Die Beine liegen etwas auseinander. Lassen Sie die Füße locker nach außen fallen. Die Arme liegen etwas vom Körper entfernt locker am Boden, die Handflächen nach oben geöffnet.
- Der Nacken ist lang, das Gesicht entspannt, die Augen sind geschlossen, die Kiefergelenke locker.

Übung 2: *Atemübung*
- Liegen Sie still, und spüren Sie Ihren Atem.
- Mit jedem Ausatmen lassen Sie eventuelle Spannungen im ganzen Körper los. Lassen Sie den Körper zum Boden hin sinken. Der Boden trägt Sie.
- Versuchen Sie, die Konzentration auf den Atem gerichtet zu halten. Wenn Ihre Gedanken abschweifen, holen Sie sie wieder zum Atem zurück.
- Bleiben Sie bis zu 10 Minuten in der Entspannung.

Übung 3: *Sitzen*
- Vertiefen Sie die Atmung, bewegen Sie behutsam die Finger und Zehen, drehen die Hände und Füße in den Gelenken, dehnen und räkeln sich genüsslich.
- Richten Sie sich rückenschonend über eine Seite oder mit der Rückenrolle zum Sitzen auf.

Register

A
Anfänger-Programm 52
Asanas 10, 55
Asthma bronchiale 58
Atem 51
 schulen 63
 Übungen 10
Atmung 10
Ausdauer 10
Ayurveda 4, 9, 11
Ayurveda-Yoga 4, 8 f., 11, 15, 41, 44, 51, 55
 Gesamtprogramm 55
 Theorie 15
 Therapie 58
ayurvedische Ernährung 38
ayurvedische Kräuter 58
ayurvedische Massagen 58
ayurvedische Medikamente 58
ayurvedische Reinigungstherapien 58

B
Balance 40
Beruf 16
Beschwerden 40
Beweglichkeit 10
Bewegung 55
Bioenergien s. Doshas
Bluthochdruck 58

C
Chronische Schmerzen 58

D
3-Dosha-Programm 51, 64 ff.
Diabetes mellitus 58
Doshas 9, 13, 41, 55
 Bestimmung 34 ff.
 Eigenschaften und Funktionen 14
 Grundtypen 16 ff.
 Übungen 65 ff.

E
Elemente 13
Entspannungshaltung 123
Entspannungsübungen 10
Entzündungen 63
Erkrankung 18, 58

F
Fieber 63
Fortgeschrittenen-Programm 53
 Übungsbeispiele 53
 Fragebogen zu Störungen 42 f.
 Auswertung 43 ff.
Fragebogen zur Konstitution 34 f.

G
Gefühle 10
Gehirn 10
Geist 51
Gelenke 10
Gemischte Konstitution
 Asanas 57
 Sport und Bewegung 57
Gesundheit 5, 11
Gesundheitsvorsorge 9, 18, 41
Gleichgewicht 18
Glück 5, 9
Grundkonstitution 33

H
Hatha-Yoga 10, 72
Hektik 5

K
Kapha 13
Kapha-Dosha 13
Kapha-Konstitution 24
 Hauptmerkmale 25
Kapha-Programm 110 ff.
 Einstimmung 110 f.
Kapha-Störungen 45
 Asanas 59
 Asthma bronchiale 19
 Diabetes mellitus 19
 Gewichtszunahme 19
 Programm-Beispiel 47
 Sport und Bewegung 59
 Trägheit 19
 Übergewicht 19
 Verschleimung 19
Kapha-Typ 24
 Asanas 56 f.
 Sport und Bewegung 57
Konstitution 9, 18
 Bestimmung 15
 gemischte 17, 36, 52
 singuläre 16 f., 36, 52
 Störungen 18 ff.
 Tridosha-Konstitution 17, 37
Konstitutions-Fragebogen 34 f.
 Auswertung 36 f.
Konstitutionslehre 5
Konstitutionstyp 5, 16
Körper 51
Körperübungen s. Asanas
Kraft 10
Krankheiten 41, 44

L
Lebensenergie 10
Leistungsdruck 51

M
Muskulatur 10

N
Nadi Shodhana s. Wechselatmung
Nahrungsmittel 16
Nervensystem 10

O
Obstipation 58
Osteoporose 58

P
Personal Training 50
Pitta 13
Pitta-Dosha 13
Pitta-Kapha

Hauptmerkmale 28
Konstitution 28
Typ 28
Pitta-Konstitution 22
Hauptmerkmale 23
Pitta-Programm 98 ff.
Abbau überschüssiger Energie 100 ff.
Einstimmung 99
Pitta-Bewertung 99
Training 98
Übungen 98 ff.
Pitta-Störungen 45
Asanas 59
Entzündungen 19
Fieber 19
Gewebeabbau 19
Leberfunktionsstörungen 19
Programm-Beispiel 47
Reizbarkeit 19
Sport und Bewegung 59
Übersäuerung 19
Pitta-Typ 22
Asanas 56
Sport und Bewegung 56
Prakriti s. Konstitution
Prävention 9
Praxis-Programm 60 ff.
Programm für Störungen 46 f.
Programm-Beispiele
Kapha-Typ 39
Pitta-Typ 38 f.
Vata-Typ 38
Vata-Pitta-Typ 39
Prophylaxe 9, 55
Psychosomatische Erkrankungen 58

R
Reizüberflutungen 5
Risikofaktoren 16
Rückenschmerzen 58, 63

S
Samkhya, Schule des 11
Santosa s. Zufriedenheit

Schlafstörungen 58
Shavasana s. Entspannungshaltung
Sonnengruß 72 ff.
für Kapha 82 ff.
für Pitta 78 ff.
für Vata 74 ff.
Kapha-Bewertung 73
Pitta-Bewertung 72
Varianten 72 f.
Vata-Bewertung 72
Sport 55
Sportart 16, 58
Störungen 9, 41, 44, 58
Bestimmung 40 ff.
Stress-Symptome 58

T
Test, Vorbereitung 33, 41
Therapie 41
Training
Ausklang 122 f.
CD 62
Tipps und Tricks 51, 61
Vorbereitung und Einstimmung 51, 61 ff.
Trainingseinheiten 61
Tridosha-Konstitution 17, 37

U
Übergewicht 58
Umwelteinflüsse 33

V
Vata 13
Vata-Dosha 13
Vata-Kapha-Konstitution 27
Hauptmerkmale 27
Vata-Kapha-Typ 27
Vata-Konstitution 20
Hauptmerkmale 21
Vata-Pitta-Kapha-Konstitution 29
Hauptmerkmale 29
Vata-Pitta-Kapha-Typ 29
Vata-Pitta-Konstitution 26

Hauptmerkmale 26
Vata-Pitta-Typ 26
Vata-Programm 86 ff.
bewegliche Wirbelsäule 88 ff.
Dehnung und Kräftigung der Körpervorder- und -rückseite 94 ff.
Einstimmung 87
Übungen 87 ff.
Vata-Störungen 44 f.
Angst 19
Asanas 58 f.
Gewichtsabnahme 19
Leistungsabfall 19
Nervosität 19
Programm-Beispiel 46
Schmerzen 19
Sport und Bewegung 59
trockene Haut 19
Vata-Typ 20
Asanas 55
Sport und Bewegung 55
Verdauungsstörungen 58
Verspannungen 10
Vikriti s. Störungen

W
Wechselatmung 122
Wohlbefinden 11

Y
Yoga 4, 10

Z
Zivilisationskrankheiten 58
Zufriedenheit 10

Anhang

Danksagung

Dieses Buch über Ayurveda-Yoga konnte entstehen, weil ich die Unterstützung vieler Menschen, denen ich in den 30 Jahren des Yoga-Übens begegnet bin, hatte und noch immer habe.

Danken möchte ich meinem Mann für die Freiheit in unserer Beziehung, um selbstständig, neue Wege gehen zu können – das Interesse an meinen Projekten und seine Unterstützung, diese dann in die Tat umzusetzen.

Danke, Kristina und Birgit, dass ich euch alleine lassen durfte für meine Aus- und Weiterbildungen – für das Mitüben schon als junge Mädchen, bis hin zu diesem Buch, bei dem Birgit als Vata-Model mitgewirkt hat.

Danke an die Großfamilie, die immer bereit ist einzuspringen, wenn ich Hilfe benötige.

Yoga und Ayurveda kann man nicht nur aus Büchern lernen, auch wenn ich viel Wissen aus der Literatur erworben habe.

Die Erfahrungen, die ich im Yoga und Ayurveda machen durfte, verdanke ich meinen verschiedenen Lehrerinnen und Lehrern; besonders danken möchte ich Anna Grünwald-Trökes, Monika Swoboda und Hans-Heinrich Rhyner.

Ich danke auch meinen, zum Teil langjährigen, Schüler(inne)n für ihr Vertrauen. Sie sind immer aufgeschlossen, Neues auszuprobieren und sich auf die Weiterentwicklung einzulassen.

Literaturhinweise

Caraka Samhita: Chowkhamba Sanskrit Series Office

Frawley, D. F.: Das große Ayurveda-Heilbuch. Droemersche Verlagsanstalt Th. Knaur

Grunert, D.: Auf die Ernährung kommt es an. Ayurveda Journal 4/2004 16

Grunert, D.: Bewegung und Sport im Ayurveda. CO'MED 7/2002 20–22

Grunert, D.: Yoga, Pranayama und Bewegung für die Doshas. Deutsches Yoga-Forum 2004

Iyengar, B. K. S.: Licht auf Yoga. Otto Wilhelm Barth Verlag

Kogler, A.: Yoga für Sportler. Urania Verlag

Ranade, S.: Ayurveda – Wesen und Methodik. Haug Verlag 1994

Rhyner, H.-H.: Das Praxishandbuch Ayurveda. Urania Verlag

Rhyner, H.-H., Rosenberg, K.: Das große Ayurveda-Ernährungsbuch. Urania Verlag

Swami Sada Shiva Tirtha: The Ayurveda Encyclopedia. Sri Satduru Publications. Delhi 1998

Swami Satyananda Saraswati: Asana Pranayama Mudra Bandha. Ananda Verlag

Tatzky, B., Trökes, A., Pinter-Neise, J.: Theorie und Praxis des Hatha-Yoga. Verlag Via Nova

Trökes, A.: Das große Yogabuch. Gräfe und Unzer Verlag

Veit, E.: Die Ayurveda-Küche. Droemersche Verlagsanstalt Th. Knaur

Yee, R.: Moving toward balance. Rodale Book Readers Service

Impressum

Bibliografische Information:
Die Deutsche Bibliothek
Die Deutsche Bibliothek verzeichnet diese Publikation in der Deutschen Nationalbibliografie; detaillierte bibliografische Daten sind im Internet über http://dnb.ddb.de abrufbar.

Wichtiger Hinweis:
Die im Buch veröffentlichten Ratschläge wurden von Verfasser und Verlag sorgfältig erarbeitet und geprüft. Eine Garantie kann dennoch nicht übernommen werden. Ebenso ist die Haftung des Verfassers bzw. des Verlages und seiner Beauftragten für Personen-, Sach- und Vermögensschäden ausgeschlossen.

Bildnachweis:
Fotos: Author's Image S. 32; dpa/Martin Schutt S. 20 u./Catherine Leuthold S. 22 u.; Norbert Hellinger S. 24 u.; ImageSource S. 8, S. 40; Photodisc S. 12, S. 20 o., S. 20 m., S. 22 o., S. 22 m., S. 24 o., S. 24 m..
Übungsfotos: Silvia Lammertz
Illustrationen: Imke Staats
Danksagung: Der Verlag dankt den Firmen: Burckhardt PR Agentur für Sportkommunikation (USA PRO, Fitness- und Lifestyletextilien von Frauen für Frauen) und Venice Beach, für die Bereitstellung der Sportkleidung.

© 2006 Knaur Ratgeber Verlage. Ein Unternehmen der Droemerschen Verlagsanstalt Th. Knaur Nachf. GmbH & Co. KG, München
Alle Rechte vorbehalten.
Das Werk einschließlich aller seiner Teile ist urheberrechtlich geschützt.
Jede Verwertung außerhalb des Urhebergesetzes ist ohne Zustimmung des Verlages unzulässig und strafbar. Das gilt insbesondere für Vervielfältigungen, Übersetzungen, Mikroverfilmungen und die Einspeicherung in elektronischen Systemen.
Es ist deshalb nicht gestattet, Abbildungen dieses Buches zu scannen, in PCs oder auf CDs zu speichern oder in PCs/Computern zu verändern oder einzeln und zusammen mit anderen Bildvorlagen zu manipulieren, es sei denn mit schriftlicher Genehmigung des Verlages.

Projektleitung: Bettina Huber
Redaktion: Constanze Lüdicke, München
Schlussredaktion: Karin Leonhart
Bildredaktion: Sylvie Busche (Ltg.), Margit Schulzke
Umschlagskonzeption, Layout und Satz: Dorothee Griesbeck, Die Buchmacher, München
CD-Produktion: TONEART GmbH & Co. KG, Augsburg
Musikkomposition: Herbert Deschler, Augsburg
Herstellung: Veronika Preisler, München
Reproduktion: Repro Ludwig, Zell am See
Druck und Bindung: Uhl, Radolfzell
Printed in Germany

ISBN-13: 978-3-426-64324-2
ISBN-10: 3-426-64324-3

5 4 3 2 1

Bitte besuchen Sie uns im Internet:
www.droemer-knaur.de
Weitere Titel aus den Bereichen Gesundheit, Fitness und Wellness finden Sie im Internet unter **www.knaur-ratgeber.de**

So üben Sie Ayurveda-Yoga mit der CD

Die CD enthält vier Übungsprogramme – je ein Programm für das Dosha »**VATA**, **PITTA** und **KAPHA**«, sowie ein »Programm für alle Konstitutionstypen«. Außerdem gibt es zu Beginn ein kleines Programm: »Ankommen in Körper, Geist und Seele« und eine kurze Entspannungsübung am Schluss der CD.

Nachdem Sie Ihren Konstitutionstyp festgestellt haben, wählen Sie Ihr persönliches Programm aus:

Beginnen Sie immer mit »Ankommen in Körper, Geist und Seele«. (s. S. 64) Anschließend können Sie immer das »Programm für alle Konstitutionstypen« (s. S. 65 ff.) üben – dieses ist eine wunderbare Vorbereitung für Ihr eigentliches Typen-Programm. Danach sind Sie bereit für Ihr individuelles Dosha-Programm. Zum Abschluss gönnen Sie sich immer ein paar Minuten das »Entspannungsprogramm« (s. S. 122 f.).

Wenn Sie wenig Zeit haben, kann das »Programm für alle Konstitutionstypen« zu jeder Zeit als eigenständiges Kurzprogramm für jede Frau oder jeden Mann geübt werden. Zum Abschluss gönnen Sie sich jedoch immer ein paar Minuten das »Entspannungsprogramm«.

Wenn Sie sich im Gleichgewicht fühlen, also kein Dosha beruhigen wollen, können Sie beliebig eines der Programme wählen – oder auch miteinander verbindend üben:

Das **VATA**-Programm wirkt erdend, beruhigend (z.B. gut für den Abend)

Das **PITTA**-Programm wirkt ausgleichend, zentrierend (z.B. um Stress abzubauen)

Das **KAPHA**-Programm wirkt anregend, energetisierend (z.B. um wach zu werden)

Wenn Sie dazu ein Bedürfnis haben, ist es auch möglich einzelne Übungen oder Bewegungsabläufe öfters zu wiederholen – wählen Sie diese dann immer wieder an.

Sie können Ihr Programm auch beliebig ausdehnen, indem Sie zusätzlich den passenden Sonnengruß (s. S. 72 ff.) oder andere Übungen aus dem jeweiligen Dosha-Kapitel im Buch dazu üben.

Lernen sie auf ihren Körper zu hören, ihn zu spüren – bleiben sie kreativ beim Üben!

Ich wünsche Ihnen viel Freude beim Üben mit dieser CD und dem Buch!

Namaste!